繁榮思考

大川隆法
Ryuho Okawa

吸引無限財富的法則

台灣幸福科學出版有限公司

Contents | 目錄

Chapter 3 繁榮思考

Chapter 4 靠近繁榮之神

前言

這個世界正蔓延著一股把成功、構築起巨大財富的人們，當成罪人來看待的風潮。這種傾向就像是，當有螃蟹企圖從水桶當中往外逃命時，底下的螃蟹就會用螯將上面的同伴給扯下來一樣。如果成功從水桶脫逃的螃蟹，將其脫逃的方法傳授給其他的螃蟹，創造出將同伴一個個拉上來的文化，那麼又會是什麼樣的狀況呢？我們應該會接二連三地看見成功者吧？

我贊成「機會的平等」，因為這代表著自由所促成的繁榮。不過，我卻不贊成將嫉妒心合理化的「結果的平等」。若是創造出一個使勞心勞力，絞盡腦汁獲得成功的人遭到咒罵，而怠惰的人卻得到好處的世界，勢必會使社會的道德標準下降。

切莫以「修正貧富差距」之美名，企圖讓馬克斯的亡靈復活。「好的差距」可以給其他人帶來勇氣，為社會提供幹勁和活力。繁榮始於肯定「繁榮」。

二〇一二年一月十七日

國師 大川隆法

Chapter 1

如何獲得成功？

第一章　如何獲得成功？

一、成為有錢人是一件善事

你是否「對財富抱持著罪惡感」？

本章的主題是「如何獲得成功」，但是我們有各色各樣不同的讀者，而且關於成功的話題範圍非常地廣泛，如果只是陳述一般性的論點，恐怕會沒完沒了吧？

以下，我想針對「如何才能賺錢？如何才能成為有錢人」方面進行論述，或許這樣的論點比較少見。

當然有人在閱讀本章之後，也沒有成為有錢人。但是真正成為有錢人的機率，就如同有人在聽了我的法話之後，疾病就痊癒一樣的機率。

當我們把「成功」的定義往「成為有錢人」的方向縮小範圍時，首先最重要的想法就是「不抗拒財富」。

尤其是喜歡宗教的人，對財富存在著罪惡感的人特別多。在兩千年前，或者比兩千年更早之前的宗教當中，不管是基督教還是佛教，甚至是其他的宗教都經常會論述那般教義，其結果，人們幾乎都把財富看得像惡魔一樣。

財富確實也有這個面向，這是事實。很多人會因為財富或金錢而受到誘惑，所以財富也是一條「通往墮落的道路」。

但是，有別於這條路，還有另一條路也確實在我們眼前開啟，那就是「通往發展、繁榮的道路」。至於會通往哪一條路，我想這與得到財富，獲得成功的人本身的人生觀或志向有關。

因此，要是有人直接了當地問我：「在現代的環境當中，像傳統佛教或傳統基督教的教義那般，否定金錢等財富的想法是否正確」，我就不得不說「No」。

在現代社會中，各種企業興起相繼成為大企業，雇用幾萬、甚至幾十萬人。因為這種大型企業的出現，新的職業於焉產生，大家靠著在如此企業裡工作得以養活家人。有許多人是在一個世代之間，就建立起這種大型的企業。

舉例來說，有像微軟的比爾・蓋茲般的大富豪，日本也有很多創立大企業的人。如果我們全部否定他們，認為成為大企業高層的人都是「地獄的魔王」的話，那麼領大企業薪水過活的人們，不就等於是「魔王的手下」了嗎？

然而，事實並非如此吧？如果他們抱持著「希望世間富庶，人人幸福」的想法，實際上他們的所作所為也沒有殘害世人，甚至讓世間變得豐裕、讓人們獲得幸福的工作，進而使大環境變得富裕的話，那也不是什麼壞事。

將成功者視為惡人的左翼思想謬誤

有些人會基於宗教的原罪而抗拒財富、詆毀財富，或者受到馬克斯主義的左翼思想影響，而認為「賺錢的人都是壞人。就是因為有這種人存在，所以才會讓許多人變得貧困而且不幸」。

最近，這種思考邏輯又再度抬頭，利用「貧富差距社會」這個名詞，鼓吹「不能允許貧富差距」的觀念。

更有許多電視節目播放貼身採訪流浪漢的報導，可是這樣的人並不是現在才有，應該早就存在了。

我認為，在現代這樣的社會，「會賺錢的人都是壞人，沒有錢的人才是正直的人」的想法是不合時宜的。要獲得成功，就必須要有相對的智慧和努力，如果一昧地否定這種智慧和努力，那麼這個世界就只會充斥著怠惰的人們。

如果拚命努力還是無法成功，那麼這個社會就有問題了。那意味著這是一個沒有機會的社會，是一個機會不平等的社會。

所以我才一再提倡「人們需要機會的平等。機會的平等是必要」

的觀念。所謂「根本就沒有成立企業的機會」，或者「如果沒有出生在貴族，或者相當於古時候的封建地主、大諸侯之家的話，就沒有出人頭地的可能性」的社會，是一個讓人覺得不堪的社會。

另一方面，我堅信「機會是平等的，能夠靠著個人的努力、精進和才能而開啟人生道路的社會才是正向的社會」。

如此一來，就必然會產生人與人之間的落差吧？然而，如果只因為彼此出現了落差，就嫉妒成功開啟道路的人，或者將這種人歸為壞人，這樣的世間就不值得讚許了。各位應該正面的肯定這種人，認同他們的優點是「優點」。

只不過，無論做什麼事，都一定會有人失敗，所以我覺得也必須設置一定程度的安全網之類的救濟措施。依據各個國家或社會的水準，人們應該要獲得最低限度的生活保障。

與此同時，獲得成功的人，本著騎士道的精神回饋社會，又或者獲得成功的企業，能夠增加雇用的機會，這都是很重要的事情。

解決失業問題不單單是政府的事情。我認為，只要有餘裕，企業應該在沒有就業機會的地區成立新的工廠，努力盡到回饋社會的責任。

「金錢就是時間」的思想改變了我的人生

我在年輕時曾有過「想法改變」的經驗。

十幾歲之前的我，從某方面來說，曾經有過前述的傳統宗教型思考方式，也就是傳統佛教或傳統基督教所宣揚的，「不能同時服侍財富與神兩者」的想法。說穿了，就是我過去抱持著「清貧思想」，認為「貧窮而簡樸才是正確的生活」。

若要問我是從什麼時候開始改變這個想法的，那就是在我接觸到與耳熟能詳的諺語「時間就是金錢」，完全相反的「金錢就是時間」（只要有錢，就可以買到時間）這句話時。我在二十歲左右知道如此觀點之後，心裡產生了不同的感觸：「有道理，確實有其道理！」想法頓時出現改變。

「只要有錢，就可以買到時間」，這其中的意思就是只要有錢，就可以使工作有進展，或者是易於擴大工作的範圍。

我的工作也是一樣，即使我一個人可以涵蓋的範圍有限，但若是有人可以出手相助，我的工作範圍便能擴大了。

舉「看書」為例，到書店去買書，雖然有其樂趣所在，但也是一件要用掉半天時間的差事。然而，如果有秘書的話，就可以請秘書到書店去幫忙買書，所以若是有雇用秘書的錢，我就可以省下半天的時間，就可以多看好幾本書。

發展事業也是一樣，如果有很多資金的話，就可以順利地大幅推動工作。

幸福科學也適用如此邏輯，只要有足夠的資金，就可以建造許多支部，也可以在各地建立做為研修設施的精舍，此外還可以到海外傳道。這麼一來，就可以提前完成預定計畫。也就是說，用金錢是可以買到時間的。

也因此，就我們想做的工作來說，如果志向和動機是善的，是為了幫助社會發展而努力的話，那麼「時間就是金錢」和「金錢就是時間」是可以兩立的。

我在年輕的時候，因為想法有了這樣的改變，實際上，人生也起了重大的變化。

幸福科學肯定「透過正當的工作所獲得的財富」

一開始於心中撒下的種子當中，如果有著「對財富感到罪惡感」的種子的話，那麼此人就無法成為有錢人。這是因為此人堅信「成為有錢人會墮入地獄，成為惡魔的同伴」，如果抱持著這種心態，那麼就算再怎麼努力，都會莫名地失敗。

舉例來說，就算此人經營公司，也一定會破產。因為此人覺得如果不失敗，就無法前往天國。正是因為一直堅信「如果破產變得一文不名，就可以上天國，萬一賺了錢，就去不成天國，反而會下地獄」，所以此人才會總是採取不良的經營策略，導致公司整個崩毀。

公司崩毀的結果，就算老闆不在乎自己變得一文不名，但是一般來說公司裡面都會有員工，不管公司的員工是十人，還是三十人，抑或是百人，經營者都有責任要照顧所有的員工和員工家人的生活。

老闆自己的下場倒是無所謂，但是萬一公司破產了，在裡面工作的人們恐怕就吃不消了。所以，破產是一種惡。

「透過從事正當的工作，讓公司的商品或產品暢銷，創造利潤，使業績呈現盈餘，進而能如實地支付薪資給員工。甚至還能讓員工對公司懷有夢想，懷抱對未來的願景」，以上才是正確的經營方針。我認為，本來就該是這樣。

當然，關於賺錢，常常會聽到吃相惡劣的案例，為錢所惑而犯下罪行，登上報紙版面的人每天層出不窮。若是把重點擺在「只要能盡快拿到錢就好了」，就可能會與犯罪扯上關係，所以自古以來，宗教才會諄諄訓誡人們應以此為戒。

另一方面，幸福科學則宣揚一個觀念：「不否定透過正當的方式，辛苦流汗，發揮智慧，經過努力精進而獲得的財富。」站在外國人的立場來看，這種觀點似乎也是非常新潮。

尤其是亞洲、非洲各國的人們，在看過我那些被翻譯成英文或其他語言的書籍時，似乎都有一種想法——「如果以這種教義為基礎，豈不就能重建國家了？不就可以使自己的國家往上提升？應該要將日本成功的祕訣融入於國家當中！」

讓人們獲得幸福的金錢是一種善

我要再次強調，從根本上，如果抱持著否定財富的想法，就無法成為有錢人，所以我覺得各位最好先修正這種想法。

各位必須努力讓自己保有如此想法──「為了好事而運用財富是一種善的富」、「正確地努力精進、絞盡智慧，透過正當的工作而產生出來的價值是正當的」。

也就是說，對於賺錢，各位不能有「就像是做什麼壞事一樣」的想法。

舉例來說，各位不能在工廠裡一邊製造東西，一邊想著「買我們工廠東西的人恐怕會變得不幸吧？可是為了賺錢，不管那麼多了」。各位應該想著「如果用了我們家的東西，一定可以得到幸福」，滿懷著祝福的心情製造東西。

「我想製造比其他公司更好的東西，然後讓使用它的人獲得幸福」，抱持如此心態是很重要的。

幾年前曾經發生過「黑心米」的事件，某公司將部分發霉的稻米，謊稱為可食用米，昧著良心轉賣以獲取利潤。只為了「賺錢」就做出這種事，將會使公司的信譽掃地。

也許他們多少是基於「就這樣丟棄未免太可惜了」的理由，也或許是認為「就算有一部分發霉了，只要把發霉的部分去掉，應該就沒問題了」。

然而，只因為有賺錢的機會，就大膽地轉賣不良米，這些人的內心深處在動機方面就不是出於「善」了。食品和人的健康有直接關聯，「出售對健康有害的東西以賺取利潤」的想法是不對的，對此各位必須要引以為戒。

這種作法就等於是被金錢欲所誘惑，而走向墮落，如果是明知故犯的話，很明顯地就是一種「惡」。

另一方面，在這個世界上，也有真正以健康為導向，為了提供「讓食用者變健康的食物」而努力不懈的人。但是，當類似這種「黑心米」的事件傳開之後，很多人就不再吃那種米了，就會導致辛苦的稻農深受其害。事情若發展到這種地步，那麼那些認真努力的人們，也會跟著蒙受重大損失，所以那種不正當的行為是不可原諒的。

就這一層意義來看，我們可以說「如果就動機或結果而言，隨時以將社會導向正面的方向為目標的話，賺錢並不是壞事」。尤其動機的部分必須要是正確的。

希望各位都能抱持著「創造時間的金錢是善，為人們帶來幸福的金錢也是善」的想法，這是第一個重點。

二、什麼是最大的自我實現

金錢和地位、名譽不是有求就必應的

這個世界上有各種不同的工作，所以很難做概括性的陳述，但是在這個世俗中，人人都想要的金錢或地位、名譽等，事實上並不是有求就必得的。唯有當各位做了相對程度的工作，週遭才會給予相應的成果。

舉例來說，只要努力工作，就算沒有刻意「想出人頭地」的想法，還是可以獲得週遭人們的認同，地位會自然提升。此外，只要把工作做

好，也就是能使工作產生高度附加價值的話，就算此人心中沒有特別抱持著「我想要錢」的念頭，只要公司的收入一增加，此人可以拿到的薪水，自然地就會跟著水漲船高，四周的環境也會有所改變。

說起來很不可思議，但是事實上結果就是這樣。不需要主動去追求，結果自然會如此呈現。

無論如何，與此人相符的事物自然地會靠近而來。至於「什麼才是與個人相符的事物」，自己本身往往不得而知，但是週遭人們或世間之人是知道的。

以公司而言，若問「公司的規模能擴張到多大」，那是由世人的評價來決定的。是世人從綜合的角度來評價這間公司的工作，進而導出一個結論「這間公司發展到這種程度是對大家有利的」。如果一間公司讓世人感覺到「希望他們能夠更加蓬勃發展」，就會有大量的顧客追隨，這間公司的規模就會更加壯大。

因此，就算不刻意追求，自己也會被賦予相應的立場。

如果名不符實，收入太多、地位過高、名譽過剩時，「調整的原理」總會在某個地方啟動，產生要此人自我反省的結果。

譬如，即便一時之間變成了有錢人，卻總是會因為某個機緣，讓金錢又全部付諸流水。可能是投資失敗，或者因為某些環境的變動，讓之前賺到的錢全都付諸東流。

偶然地搭上順風車，做任何事情都成功的時候，一定是萬事順遂，然而，當這樣的時機一過，一切也還是會成空。

但是，如果是真正獲得社會認同，被認為是必要的事物時，只要撐過景氣的變動，就可以存活下來。只要是一個隨時考量「世人需要什麼」，認真看待客人的公司，那麼無論是任何時候，都會持續地成長。

想在公司裡出人頭地的方法也是一樣，基本上，根本沒有必要刻意去思考自己成不成就的問題。只要隨時把「公司的發展」和「透過公司的工作，自己最終能夠讓顧客或與公司互動的人們獲得多大的喜悅、幸福」這件事情放在心上，自然地就可以得到相應的地位與收入。

人很容易以自我為中心，所以要格外注意。一旦有自我中心的傾向，就會變得「盲目」，看不清事理。

抱持著「世人會明確地給予正確評價」的心態，每天精進，這才是最重要的事情。

「鮮少考慮到自己」的人才是幸福之人

現在，我稍微轉換一下話題，把重點從成功論轉到一般的幸福論。

當回顧自己一天的時間時，在一整天的時間當中，想到自己的時間比較長的人，也就是總想到自己的人，基本上都是不怎麼幸福的人。甚至可以說，只想到自己的人，說穿了都是不幸的人。

相反的，幸福的人多半都不太會去想到自己。也就是說，這種人因為總是思考著「能為其他的人做些什麼好呢」，所以根本就沒有時間去想到自己。

這種人在自我反省時當然也會稍微想到自己，但是，不幸的人則是從早到晚只想著自己。他們會為自己的不幸找理由或藉口、在背後說一些讓自己變不幸的人的壞話等，總之，這種人總是認為世界是以自己為中心在轉動。這就是不幸之人的特徵。

各位只要計算一下，一整天下來，想到自己的時間長短，就大致上可以了解到自己是幸還是不幸了。老是只想到自己的人，其實是很可憐，而且也是不幸的人。

好比拿家庭主婦為例，仔細一想，若是她想到先生或小孩，或者附近的熟人或朋友等其他人的時間很長，鮮少想到自己，那麼此人說起來是幸福的人，但若是以自我為中心來思考事情的人，大致上說來是不幸的。

真正幸福的人和圓滿實現自我的人，多半都鮮少想到自己。

如果凡事都只想到自己，就無法完成最大極限的自我實現。

至於所謂的最大極限的自我實現是什麼，說穿了就是「自己可以為社會貢獻多少」。所以，此人心中想的都是這個世間或社會，乃至於世界的事情。

能做到這個地步，事實上就可以說是，朝著最大極限的自我實現的路途前進了，這是我想提醒各位的。

不管是一般的幸福論或者成功論，以自我為中心做考量的人，畢竟不能說是「幸福」或「成功」。事實上，越少時間想到自己事情的人，多半都是幸福或者成功的人。

尤其是女性，請仔細地想想。當妳在家時，是否老是想到悲慘的自我形象？或者為恐懼所俘虜？妳的內心深處是否充滿著陰暗？譬如對未來的恐懼、害怕被他人拒絕的恐懼、不獲得他人認同的恐懼、蒙羞的恐懼等。對此，希望妳能確實、仔細地想想。

和「未知的恐懼」奮戰，也是身為企業家的才能

此外，我也想對企業家陳述我的觀點。

那就是「人是容易產生恐懼的生物，然而，身為企業家想要獲得成功，對於未來的恐懼、對未知事物的恐懼，就要抱持著勇氣奮戰」。

每個人都害怕「未知的事物」。對於陌生、前所未見的事物，不

論是誰都會產生恐懼。但是，保有和這種未知的恐懼對抗，而且有獲勝意念勇氣的人，就是有著身為企業家的才能。

因為看不到前方的事物，所以才會對「是右是左？該選擇哪一邊？」的判斷產生迷惘。我想這個判斷，大概都會與自己的晉升、收入，或者是公司的命運等各方面相關。但是，與這種未知的恐懼奮戰並且獲勝，是非常重要的。

想要克服這些障礙，還是需要智慧與勇氣，除此之外，還需要平日的精進。智慧和勇氣，以及平常的精進態度都是非常重要的。

人生到處都有「陷阱」。人生的每一步路，都有非常多可能會導致失敗的事物。

然而，縱觀來看，我認為有個道理是可以信賴的。那就是「表裡如一、不斷精進的人，萬一陷入危機，或者落入陷阱、遭遇艱苦的境地時，一定會有人適時地伸出援手」。

表裡如一、不斷精進的人，不管他人有沒有看到，都一樣拚命努力的人，就算不幸落入陷阱，或者遭到陷害，甚至遭遇失敗，都一定會有人出手相助。

對此各位可以堅信。世人不是沒有眼睛，其實都看得一清二楚。

各位必須要相信，人們都是以「如神一般正確精準的角度」來觀察眼前之人，是否是一個以自我為中心，只為自己而活的人？抑或是一個抱持著崇高志向，隨時努力精進的人？

以努力做事的態度來說，單純只是惺惺作態，故意裝出來的努力，和打從心底真心的努力，這兩者之間有著很大的差異。

從這個角度來看，儘管世間在短期間或許會有誤判，但從長期來說，幾乎是不會有錯誤的情況發生。所以不管是公司，還是個人，只要抱持正確的志向，秉持智慧和勇氣不斷地努力精進，就一定會得到相對的評價。

然而，就算再怎麼拚命地努力，因為政治環境和與外國之間的關係等各種因素的影響，公司業績當然也會有不順利的時候。此外，隨著時代的演變，有時候也會遇上流行的業種產生變化的時期，而使得公司的業務發展不順遂。但是，此時能夠堅信「即便一扇窗關上了，另一道門一定會開啟」是很重要的。

概括而言，希望各位要認識到「相信光明的未來而努力不懈的人，一定可以開闢出一條道路」。

切莫自我設限，祈求獲得偉大成功

不自我設限是非常重要的。若自己設定的目標為善，是能讓世人獲得幸福的話，不管是公司的工作，抑或是個人的事情，都要放大格局來思考，要追求偉大的成功。

舉例來說，有個人立下志願「想成為作家，寫一些小說」。這個時候最好不要給自己設限，「好作品的銷售量通常都不是那麼地多，所以能賣個二、三千本就應該不錯了」。如果真的是好作品，就該祈求「希望有幾十萬人，甚至幾百萬人能夠看到我的作品」。

我一直都是這樣在內心祈求的，所以才能有現在這個結果。而且，發行的書籍數量不只是百萬，甚至是以億為單位。

此外，我的著作已經突破了八百本（二〇一一年底時的著作數。

二〇二〇年六月時的著作數已超過二千六百五十本）。在不知不覺中，我就出版了八百本書了。雖然自賣自誇可能有點奇怪，但是我真的覺得「這二十幾年來，我工作得好勤奮啊」。

為什麼可以寫出那麼多的書呢？仔細想想，那是因為在這二十幾年當中，儘管形式上有各種改變，但我總是竭盡當時的最大力量，做好每一件事情，絕對不會偷懶懈怠。

並且就我來說，在我學習的事物當中，寫在書中的頂多只有一成左右，沒有寫進去、儲存起來的部分將近有九成。

在這層意義上，我一直都保有一種態度，那就是「絕對不會重覆隨便寫些同樣的事情，降低書本的品質，讓讀者感覺到『真後悔買了這本書』」。

世人通常都視新興宗教為愚蠢之事，但是我始終抱著一個想法「和作家或評論家相比較，我的學習量絕不可有不足之處」，所以從二十歲左右開始就一直努力精進，持續長達三十年以上，也造就我儲存了可觀的資糧。

拜此之賜，我在二十幾年之間，說法次數多達一千六百次以上（二〇一一年底時的說法次數。二〇二〇年六月時的說法次數已超過三千一百五十次），而且從來沒有說過同樣的內容。這是很不容易的事情。那些被尊稱為「老師」的評論家，通常都會重覆說同樣的話長達一年之久，政治家等更是如此，看似口若懸河，辯才無礙，但在任何地方說的話卻一成不變。

說起來，若非像鴨子划水一樣，在水面下默默地努力，否則我絕對是無法做到「每次都講述不同的內容，每年都持續出版不同的書」。

成就這種事情的基礎所在，無非就是「想傳達真理給億萬人」的強烈熱情。我不知道真理會以何種形式到達每個人手裡，所以我只有持續努力，創造所有可能的入口，讓真理確實地到達某人的手中。

結果，我的書有著和暢銷作家不相上下的銷售量，並且閱讀過的人大概都不會有「浪費了我一筆錢」的感覺。

附帶一提，針對我在幸福科學的教團內出版的內部經典，我完全沒有拿版稅，全數都捐給了教團，至於在書店販售的書，以前是拿一般水準的版稅，但是現在也不拿了，全數都讓教團來運用。

此外，我也將自己的一部分收入捐做獎學金，或捐做幸福科學學園中大川隆法紀念講堂的建設資金等，我本身也身為在經濟上支援教團的「財神」。

「有錢」代表「可以將錢自由運用在好事上」，這是一件非常好的事情。不管是個人或者是公司，只要抱持著「希望能透過正當的工作，提高收入，將這些錢用在正確的事情上，希望能產生出游刃有餘的資金」的心態，在事業上努力邁進就好了。

三、在人與人之間的總體戰中獲勝

有說服力的人，從事任何工作都可以成功

最後我還要附加一點。

說服對手是一種「人與人之間的總體戰」。在說服他人之際，能測量出自己為何種人格。

「有說服力，但是卻不懂得賺錢」，這種事是不可能的。一般而言，業務員的銷售能力，和身為最高層的老闆的銷售能力之間，有著百倍之差。而這種差異就表現在薪資和社會地位的差別上，然而這種差異，說穿了就是「身而為人的實力差異」。

一般都認為「老闆進行高層外交，直接找上客戶推銷商品，所得的成果和業務員前往推銷的結果，有著百倍的差異」，具有說服力的人，是具備著潛力和綜合能力的。

「說服他人」是一種總體戰，是一種集結過去累積的經驗和知識、識人的眼力、直覺、靈感、守護靈或指導靈的力量、同伴的力量等的總體戰，其結果會以具體的成果呈現出來。

就這層意義來看，我對「有說服力的人，不管從事什麼工作都會成功。就算轉換跑道或者自行創業，也都一定會成功」這種說法是深信不疑的。

有說服力的人不管做什麼事情都會成功。也就是說，這種人有這種程度的工作能力。另一方面，沒有說服力的人，不管做什麼都是徒然。這種說服他人的能力可以運用在任何事情上。

以「誠實」為座右銘而努力

此外，工作能力強的人，因為可以快速地完成工作，一下子就能處理好事情，所以空出來的時間，就可以拿來幫助其他的人，或者嘗試挑戰新事物。

人的工作能力會表現於任何事情上。如果自認「我有其他人百倍的說服力」，而這也是事實的話，此人就可以坐上社長的位子，絕對沒有錯。不管是男性還是女性，如果有百倍於一般人的說服力，就代表此人有成為社長之器。

在這層意義上，各位要知道「說服他人就是考驗自己的機會」，然後努力奮進就好了。

此時，誠實尤其重要。千萬不能有「欺騙、矇蔽他人以獲得成果」的想法。譬如，在推動公司的銷售工作時，絕對不能抱著「欺騙、矇蔽顧客，促使他們購買劣質商品」的心態。這種事情是持續不了多久的，而且若是被高層知道了，恐怕會遭到解雇。

因此，應該以誠實做為座右銘努力。若能如此，那麼在人生的所有層面上，就會有所成效。

希望各位能體認到這麼做的重要性。

抱持無限大的「志向」

請各位要保持著無限大的志向，很多人都把事情的格局想得太小。

以前某本書上寫了以下這樣的笑話。

某地有人在河川旁邊釣鱒魚。這個人釣到小鱒魚時，就會放進魚籠裡，但是釣到大鱒魚時，卻又放回河裡。

有人見狀心生疑惑「為什麼要這樣做呢？真是不可思議啊」，遂問垂釣者箇中理由，得到的答覆竟是「我們家的平底鍋直徑只有二十五公分，沒辦法料理比平底鍋大的鱒魚。所以釣到大鱒魚時，我就把牠放了，我只釣小鱒魚回家吃」。

笑話是這樣寫的，事實上，人們也經常在做類似的事情。很多人都只帶「小魚」回家，而「大魚」則基於「我們家的平底鍋沒辦法料理」的理由而加以丟棄。

既然如此，那就把平底鍋換成大的就可以了，買個「大平底鍋」吧！

也許各位會做各種的自我設限，譬如「我能做的範圍就只有這個」，或者「我做得來的工作只有這一項」，但是，這樣的作法就跟前述的「配合自家的平底鍋大小，放掉大魚，只帶小魚回家」是同樣的道理。

在這個世界上，做這種事情的人太多了，所以準備好「大平底鍋」是很重要的。希望大家都能用「大平底鍋」來料理「大魚」，請大家不要根據自己的「平底鍋」大小來衡量事物。

請不要有「超過二十五公分以上的魚就不要了」的自我限定。要考慮的，應該是要如何才能放大自己的「平底鍋」尺寸。

這是我衷心所願。

Chapter

2

遠離窮神的方法

第二章　遠離窮神的方法

一、創造「吸引財富的奇蹟」

幸福科學是一個創造許多不同奇蹟的團體

即便幸福科學當中曾發生過許多不同的奇蹟，但我還想引發財富方面的奇蹟。

本教團發生過「疾病痊癒」的奇蹟，也發生過「學業突飛猛進」的奇蹟，甚至也有「人際關係變好」的奇蹟。世間充滿了各種不同的奇蹟，本會也是，然而各位不可忘記還有「吸引財富」的奇蹟，本會是一個能引發「吸引財富的奇蹟」的團體。

關於此事我偶爾會提起，不過我相信聽過的諸位，可能還沒有充分領悟，並不是十分地了解。有很多人在聽過我的法話之後，依然右耳進左耳出，閱讀經典時，也只是隨便看過，只覺得「原來這世界上有這種奇蹟啊」，還沒有發現到，財富的奇蹟和自己也有關係。

很遺憾地，關於財富方面的領悟，我覺得本會信徒們的學習能力，也只發揮了百分之一左右。

關於與財富相關的奇蹟，還是有很多人抱著「事不關己」的想法，認為「這世上的確是有人會被神佛選中，而成為富裕的人吧？偶爾也會出現幾個天生就是財神（在經濟上支撐教團的人），有著這種使命的人吧？只不過，那都與我無關」。

這種想法是錯誤的。

就如同在本會學習心的法則，藉由過著不被惡靈附身的生活，因而出現疾病痊癒的奇蹟一樣，與財富相關的奇蹟，也存在於一個法則之下。

「吸引財富的法則」的體悟也是一種覺悟

關於疾病痊癒的奇蹟，三不五時會刊載在本會的布教雜誌上，但是被公布出來的只是一小部分。很多甚至會讓人驚呼「怎麼可能」的奇蹟都沒有被寫成報導。事實上，越是必須報導的事情反而沒有刊載，而理所當然可以痊癒的疾病，倒是經常被報導出來。

舉例來說，以下就是讓人驚奇的奇蹟之一。

某人因為意外而導致大腦挫傷，頭蓋骨骨折，大腦的前頂葉嚴重損傷到幾乎失去了原形，腦出血一直沒辦法止住，醫生診斷「不知道能不能救活，需要緊急動開腦手術」。

在意外發生的當天晚上，本會精舍的講師，盼望能改善這個傷者的症狀，遂進行疾病痊癒相關的祈願。

隔天早上，醫生們在進行手術之前，為傷者再度照了一次X光，竟然發現出血的情況已經止住了。於是醫生決定先不開刀，繼續觀察情況，結果傷者急速地復原，在很短的時間內，頭蓋骨就恢復原狀，也完全沒有留下任何後遺症。

現實生活中就是有這樣的事情。

然而，幾年來，這件事情並沒有被刊載發表於布教雜誌上。本會就是一個可以把這種奇蹟，視為稀鬆平常的團體，連身為總裁的我，也是在經過了幾年之後才聽說此事。

如果是其他的宗教團體，想必會立刻將此事拿來做為教團的宣傳廣告吧？這是理所當然的事情，本會卻一副沒事的樣子長達數年之久，就這樣擱置一旁，直到某個偶然的狀況下，這個資訊才傳入總裁的耳裡。

照一般說來，這種傷癒的狀況是不可能發生的。頭蓋骨骨折，大腦嚴重挫傷，卻在沒有動手術的情況下復原，甚至沒有留下任何後遺症。

也有其他的案例，癌症患者透過本會的祈願，一夜之間就痊癒。

此事著實讓人驚奇，不過，或許有人會質疑「癌症的診斷結果，會不會是對X光片的判讀錯誤？」

然而，「頭蓋骨骨折和大腦挫傷不藥而癒」的情形，就不是X光的解讀錯誤之類的層級了。本會的祈願，就是如此具有足以「移動板塊」的巨大力量。

雖然現實生活中有許多透過祈願，而發生令人驚異的奇蹟事實，不過以前本會卻是一個不擅運用這種方法的團體。

本會職員們的資訊認知力，低到甚至無法想像「如果把這種奇蹟傳出去的話，會引發什麼樣的效應」，只以一般上班族或公務員的態度「努力地完成被分派到的工作」。

這就是人們沒有充分覺悟，接下來我要陳述的「吸引財富的法則」的證據。

覺悟有許多種類，而「吸引財富的法則」也是一種覺悟，而無法體悟到這一點的人本來就沒有注意到，或者沒有想到增加支持者或增加收入的可能性。現實世界中就是存在著這種事。

二、如何避免窮神的糾纏？

你是否被窮神纏上了？

在世間當中有著一種正直、認真的好人，打算努力地撈泥鰍，然而很遺憾地，現實就只是拿竹簍去撈水而已，一無所獲。

這種人不管是上班工作或做生意，總是無功而返，要不就是像用破洞的水桶汲水一樣白作工。重要的客人或下訂單的顧客，明明都來到眼前了，卻還是留不住這大好的機會。

譬如，在偶然的機會下，得以和對方公司的關鍵人物交談，卻輕易地讓這良機跑了，反而拚命地去跟那些無關重要的人，換言之就是跟沒有影響成敗關鍵權力的人交涉。這種人會老是花時間和精力，去跟那些說了也是白說的人周旋，或是賣力懇求。

就是有人會一而再、再而三地去拚命拜訪沒有權限，也完全無意將雙方的談話內容傳達上去的人，反而不去找實際握有實權的人，或者可以理解談話內容的人。這樣的人，往往都會錯失出人頭地以及增加收入的機會。

對於這種人有各種不同的說法，但是從根本上可以說，就是「沒有習得吸引財富的法則」。

換言之，就是「或許你被窮神附身了？請仔細檢視一下，是個人被窮神附身了？還是整個公司都被窮神給盯上了？」

窮神除了會糾纏個人，也會纏上整個公司或國家

不管是個人或者公司，如果有「再怎麼努力工作，還是賺不到錢，只累積一屁股的債務」的狀況時，可以說有非常高的可能性被窮神附身了。

有時候，國家也會被窮神附身。現在的日本就是這樣，日本現在正處於被窮神附身的狀態（編注：本章著於二〇一一年）。

針對「當國家的領導者被窮神附身時，我們該如何救國家？」這個問題，我現在正在努力。只要去除纏上領導者的窮神，應該就有一線生機，但實在是很難去除掉。

現今國家領導者的作為，就像把所有的國民都往下拉，即便幸福科學正努力地從底下往上打光，然而從底下打光是很辛苦的事。從底下打光，一直到讓窮神感到「好燙」，進而落荒而逃是要花點時間的。因為支持窮神（國家的領導者）的人太多，實在是很傷腦筋。

假如沒有那麼多人支持的話，要趕走這個人是很簡單的事情，但是支持窮神的人有很多，這是為什麼呢？因為這些人的心境跟窮神相通。因為擁有同樣的心境，感覺彼此是同伴，所以才會大力支持，也就因為這樣，導致自己跟著變得貧窮。

國家財政出現赤字，國家變窮的理由何在？那是因為國家所推動的政策沒有讓人民變得富裕，甚至沒有打算讓人民變富裕，國家是朝著變窮的方向在推動政策，這是很明確的事。

這個世界上，就是有人在二擇一的判斷時，總是做出錯誤的判斷，或者做出造成損失的判斷。世間當中真的有很多人，在百分之五十的賭注機率中，持續敗北。

我們面臨的選項多半都是選右或選左？選圈或叉？但就是會有人

故意選擇與正確解答相反的方向，這種持續做出錯誤選擇的人在社會上有一定的比率。

很悲哀的是，支持窮神的人，自己也會變得一樣貧窮。

以公司來說也是同樣道理。如果被窮神纏上的人是社長時，或者是像窮神化身的人當上社長的話，這間公司便不是三兩下就可以救得回來的。就算部屬當中有福神存在，除非相當地賣力，否則沒有辦法那麼簡單就去除窮神所製造出來的負面事態。

自殺的經營者就是窮神的真面目

現實生活中，窮神是存在的。

我認為「這個世界上存在著惡魔或惡靈」，而在靈界當中，確實存在著以讓其他人生病、遭遇意外、讓人們受苦為「職業」的靈魂。

這些靈魂就是自己存活於世間時，過著不幸生活的人。這種人死後變成了靈魂，就會抱持著就算自己沒辦法過得幸福，也要讓其他人變得不幸來舒緩自己的心情，甚至抱持著一種「你活該倒霉」的心態。

就好像自己無法如願過得幸福，便靠著量產別人的不幸，來稀釋自己的不幸一樣。看到許多人遭受不幸，就莫名地覺得自己變幸福了。有些靈魂就存活於這種假想現實當中，事實上，這些靈魂是在暗中活動著的，會帶來經濟上的不幸，被視為窮神的存在就是這種靈魂的一種。

至於這種窮神的真面目，說穿了都是生前自己經營事業，結果公司破產，最後上吊自殺，甚或一家離散，人生陷入苦境，臨終悲慘的人。

這樣的人都會化身為窮神。

一旦被窮神附身，被依附的公司就會崩毀。也就是說，如果窮神纏上了生前認識的熟人，這個人的公司就會跟窮神的公司一樣崩散。這種模式經常可見。

就像這樣，有時候窮神會循著熟人的脈絡去依附宿主，也有時候窮神會因為和某個地方有因緣關係，進而造成「在那個地方創業就一定會失敗」、「租那間房子做買賣絕對會破產」的情形。

有時候也會出現「連續幾代創業總是不成功，開工廠結果卻破產，開店也倒店」的狀況。或許這聽起來好像在講風水，但現實當中，的確存在著窮神成為了地縛靈的地方，這點必須要留意。

人都喜歡接近「自己尊敬的人」

那麼，面對窮神該採取何種對策呢？

基本上，窮神的依附行為是基於我教導各位的「心的法則」。靈界的靈魂和世間的人之間，基於「波長同通的法則」而連結在一起。因為同類相吸的原理，如果世間之人抱持著召喚窮神上門的心靈波長的話，靈界的靈魂就會有所感應而上門。

但如果是「事實上我是有錢，但是我太愛窮神了，我要強行召喚窮神上門」的話，那就另當別論了。如果有人每天祈願「窮神啊，來吧！窮神啊，來吧！」窮神就一定會上門。

假如是自己刻意召喚窮神，那就無話可說了，雖然這種奇怪的人是另當別論，但大部分的人其實都是在不知不覺中和窮神互通。

在不知不覺當中和窮神互通，箇中緣由來自何處？原因之一在於自己長大成人之前的家庭環境。

很多人在小時候，父母都為了家中經濟而苦。在日本，有很多人在戰後破產或失業，有很多父母親在經濟上處於困頓狀態。但是，當父母親對孩子訴說這些事情時，恐怕都會將辛苦的過程美化成一種美談。

於是，「公司破產了好幾次，爸爸跟媽媽都很辛苦。如果不辛苦，人生就活不下去了」的想法，在孩子二十歲之前就深深地烙印在腦海裡，如此一來，越是尊敬父母親的孩子，就越有做出和父母親同樣事情的傾向。

孩子總是會在無意識中模仿父母親。貧窮的經驗固然寶貴，但是如果過度將之美化，灌輸給孩子的話，孩子就會重覆做出同樣的事情。

對此各位必須多加留意。

這是在無意識當中召喚窮神上門的例子，當然，此人長大成人之後的心理狀態、心靈的狀況也是原因所在。

我在政治上對左翼思想採取批判的態度。我在過去曾降下馬克斯的靈言（參照《馬克斯・毛澤東的靈言》第一章，幸福科學出版發行），馬克斯是相當於左翼思想教祖、共產主義開山始祖的人，他在地獄的無意識界已經沉睡一百多年了，所以如果人們學習他的思想，就一定會和他走上同樣的方向。

「該尊敬、學習什麼樣的人」，是一件非常重要的事。

我們在孩童時期所看到的都是父母的所作所為，所以會強烈地受到他們的影響，然而，必須在某個時間點去除那般影響。

如果是好的父母，則可以尊敬、模仿他們。只不過人無完人，即便父母親有值得尊敬的地方，卻也有不可尊敬的部分。

當發現到父母親有不值得尊敬之處，就不能再針對那一部分抱持著尊敬的心態，繼而應該用值得你尊敬的人，取代那個部分，並且告訴自己「要成為那樣的人」。

世間有很多在經濟上有所成就，為世人竭盡心力的人。從這種人當中找到與自己頻率相合的人，並予以尊敬，持續告訴自己「我想成為這樣的人」，漸漸地，你跟對方的頻率就會相符，變得越來越像對方。

人都喜歡接近自己尊敬的人，會受自己尊敬的人吸引，所以尊敬成功的人是很重要的事情。

孩童時期父母親影響非常強烈，這也是無可避免的事，然而一旦長大成人，就必須要脫離父母親的影響。

舉例來說，不能到了三十歲還以「因為我的父母親過去就是這樣」為理由，讓自己重蹈父母親的覆轍，合理化自己的失敗。這是一種回避責任的說法，到了三十歲，一切責任都在自己，不是父母親的責任。過了三十歲，「在經濟上的觀點、事業觀、工作觀，或者社會觀、政治觀方面該支持哪些事情」，這些都是自己的責任。

肯定「創造財富」，勤勉努力

同樣的道理，也適用於現今（二〇一一年收錄當時）的日本民主黨政權，基本上的問題是「同情弱者」。這件事情本身並無大過，對弱者保有同情的心態是可以的。

然而，如果社會是朝著讓每個人都變貧窮、變虛弱的方向發展的話，其結果將會拖垮整個國家。如此一來，連弱者都拯救不了，社會將失去救助弱者的力量。

如果塑造出「憎恨、嫉妒勤勉工作、努力下工夫創造巨大財富的人，或者成功經營公司的人」的文化，人們就會因為厭惡遭到其他人的嫉妒或憎恨，而開始刻意避免獲得財富或成功。

這些人會產生「如果跟其他人一樣，就可以不用招來這些莫名的罪名」的想法，進而將經濟活動的層級往下拉。

結果就是，整個社會變得平準化、標準化到低層級。當「上層」放棄努力，將水準往下拉時，「下層」的人本來就在下層，於是就再也沒有人可以救助弱者了。

國家的財政赤字就是因為這個理由發生。雖然徵收了稅金，卻因為運用方法失當，使得國家富裕不起來。因為不懂如何運用稅金使國家變得富有，所以才會出現財政赤字。

公司也是同樣的道理，就算光憑社長一個人也可以創造出赤字。從結果來說，如果沒有肯定勤勉、創造財富的思想的話，終究無法變得富裕，請不要弄錯這個觀念。

古老的宗教多半對財富都抱持著負面的批判，佛教也不例外，佛教或基督教有很多這方面的教義。

然而，在那些教祖出生的時代，貨幣經濟既沒有那麼發達，傳統的教團也多半都很貧窮，如果把當時的教義原封不動地沿用至今，那就不符現代的資本主義世界了。

也因此，古老宗教多半將「財富是一種罪惡」視為理由，這一點各位務必要知道。

三、何謂財富的本質？

是否有利於眾人？獲得眾人的感謝？

財富的本質是什麼？一言以蔽之，就是「有利於眾人」。

這是很重要的事情，所以我要一再強調。財富的本質就在於「是否對眾人有助益」。

所謂的「對眾人有助益」，簡單來說就是「獲得眾人的感謝」。

要言之，如果有人表示感謝「拜你的公司所做的工作之賜，我獲得這麼大的幫助。真是方便了許多。謝謝」，那麼，這間公司就會賺到錢。

舉例來說，日本的宅急便業務剛開始發展時，必須和國家的郵政總局（現在的總務局）及運輸總局（現在的國土交通局）等當時的公家機關所制定的法條對抗，甚至得面臨官司纏訟。

然而，由於宅急便的出現，如今任何包裹都幾乎可以在二十四小時內送達日本國內各地，確實方便不少。這是值得感謝的吧？

當時郵局在星期假日不配送包裹，一年當中有超過一百天以上都是「休假日」，所以包裹往往無法及時送達。

此外，拿著包裹到郵局去寄送時，有時候還會被以「不符合規定的包裝」為由拒收。這時候，就得回家重新打包。我也有過這種體驗，說起來我是郵局的客戶，竟然受到這種待遇，著實讓人光火。

郵局有規定「包裹的最大尺寸長是多少，寬是多少，高是多少」，但是，到郵局寄送之前，誰會曉得這種事？於是我也只得摸著鼻子說：「是嗎？原來這種尺寸不合規定啊。」然後把包裹帶回家，重新再包裝一次，這實在是一件令人討厭的事。

如果能去除這種僵化的作法，提供像宅急便公司一樣「任何尺寸都可以，我們會到府上取件運送，二十四小時以內就可以送達」的服務，那才叫窩心。

所以，宅急便公司能夠賺錢是理所當然的。如果出現提供同樣服務的同業，當然是服務較好的一方會賺錢了。

總而言之，所謂財富的本質就是「對更多的人有幫助」。換句話說就是「受到更多的人尊敬，或者得到更多人的感謝，這就是財富的本質」。

如果說「從事獲得眾人感謝的工作」是財富的本質，那麼說「財富是一種罪惡！說『變得富裕』是惡魔的呢喃」不就顯得很奇怪嗎？從事獲得他人感謝的工作不可能會是壞事。

過去宗教的教義經常會否定財富，那是因為時代背景與現代不同。

現今，只要從事對世人有幫助的工作，就會獲得感謝，也會賺到錢。因此，「完全賺不到錢」、「錢進不來」、「營業額沒有成長」，就代表「對世人沒有多大的貢獻」。

那就意味著「人們沒有那麼心存感激，對人們沒有什麼助益」。如果對人們沒有什麼幫助，就算大大地寫著「回饋價」幾個字也是於事無補。

要言之，如果做的是對人們沒有幫助的工作，收入就不會增加。而當經營狀況惡化時，公司就勢必得「瘦身」，員工們會成為裁員的對象，或者被解雇。

某間大型航空公司讓顧客反感之事

以前我也提到過，日本某家大型航空公司採行了以下的措施。說是「某」，其實日本也只有兩家大型航空公司，所以或許讀者一看，就知道我說的是哪一家公司，就是幾年前曾經接受政府財務支援的公司。

我在日本國內巡錫時，經常搭乘該大型航空公司的班機，該公司有個內部規定是「每組旅客最多只能四個人進入貴賓室」。

有一次，我們一行五個人使用了該貴賓室，幾天之後，該公司的營業部打電話到本會來說：「我們規定最多只能四個人使用，幸福科學一行卻來了五個人，這是違反規定的。」

可是仔細想想，這不是很奇怪嗎？五個客人上門，應該比四個客人更好才對，因為公司會賺到更多的錢。從這個觀點來看，來再多的人都應該歡迎才是。

說「最多只能四個人使用」是規定，可是旅行又不是打麻將。打麻將只能有四個人，一張中華料理的餐桌也是以四個人為單位。可是，就航空公司的營業性質來看，其實也不用像打麻將一樣，以四個人為一個單位來考量，五個人應該也是可以的。

針對這一件事，我曾經在某次說法中提到過一次，過了一陣子，那間貴賓室開始多擺出一張椅子。該公司適時地掌握情報，立刻改變應對措施，在這方面可以說是「了不起」的作法。

只不過，在那之前，他們卻堅持以四人為一組的「麻將體制」。

仔細想想，在旅行時是不可能有「絕對要四個人一起行動」這種事的。一起移動的人數因人而異，有時候比四個人多，有時候又不及四個人。

就我們的狀況來說，因為對方認為「此舉違反規定，所以必須請一位客人到房間外面等候」，所以一直到他們開始多拿一張椅子出來之前，我的一位秘書都必須站在貴賓室外面，直到登機時間，才可以一起會合。

要是貴賓室客滿的話，我也沒有理由抱怨什麼，但是房間裡面看起來是空蕩蕩的。整間貴賓室明明有充足的空間，卻不知變通地堅持「不接受四人以上的旅客」的規定。

這家公司的營運創下了巨額的赤字，卻從政府那邊得到了以兆為單位的財務補助支援，說起來是很奇怪的事情。

明明就是他們的想法招惹了顧客的不悅，「因為來了太多顧客，所以我們要抗議、抱怨」這樣的說法實在太失禮了。本來我是不想再搭乘他們的飛機，無奈航空公司的選項太少，沒有選擇的餘地，只好將就著使用。

現在我們五個人都可以安穩地坐在貴賓室裡，可見他們確實有針對我的說法內容掌握了資訊，這一點值得誇讚。然而，讓人驚訝的是，大公司卻經常做出這樣的事來，這種事不應該發生在民營企業才是。

此外，在銀行業界，長期都持續存在著以下這種事情。

在目前日本財務局的前身，也就是大藏局的時代，銀行提供的服務內容是由大藏局全權決定，主事者立下了各種規定，譬如「送給顧客當贈品的火柴盒只能用這種尺寸」、「可以提供日本茶給顧客，但是禁止提供咖啡」等。

可是，這種事情不該是由政府機關決定。只要銀行方面根據和對方的交易額度來決定提供咖啡還是紅茶，抑或是日本茶就好了。如果是大客戶，就提供完整的服務，一般客戶就提供相對的禮遇就可以了。甚至有時候，提供一杯水也就夠了。

當時，政府機關甚至主宰著「附送面紙與否」的決定權，然而，這也不是公務員該決定的事情。就因為公務員拘泥於這種事，導致經濟發展延遲是常有的事。

這當中存在著許多不贊成增加財富、抗拒增加財富的想法，對此必須要格外注意。對於財富，各位必須要保有親和性才對。

不否定財富，將聚集得來的金錢用在好事上

針對財富進行思考時，我們根據的原點何在？關於這一點我反覆說過很多次，那就是要有助於眾人，換言之，就是要得到眾人的感謝，這就是財富的泉源。

從佛法真理的觀點來看，這是完全正確的事情。如果有利於大眾，獲得感謝，因而增加收入的話，是沒有什麼話好說的。

只要把增加的收入，用在做好事上面就好了。「購買成千上萬的機關槍，用來支援游擊部隊」、「用得來的錢購買上百把機關槍，分發給流氓集團，藉以發動恐怖活動」等是錯誤的想法。但是，將得到

的錢用在好事，而不是用在犯罪上，那並不是壞事。

本會曾在幾年前說過，要「建立兩百座支部精舍」，然後在二〇一〇年的夏天，就全部興建完成了。除了支部精舍之外的正心館和各種設施，也超過百座。能夠留下有形的東西，畢竟是一件高興的事。

本會的支部精舍是各地區的燈塔，是一道光明。把錢用在興建支部精舍，就是好的用錢方式。有了支部精舍，就可以長期地向附近的人們傳道，成為一股讓人們聚集在一起的力量。

因此，如果是個人，就努力增加收入；如果是公司，就大力創造利潤，然後將金錢用在好事上，這是一種善。

所以，請千萬不要否定財富。

四、抱持開朗積極且正面的想法

結合學習和賺錢的「二宮尊德精神」

不管首相說什麼，如果認為「他在聆聽窮神的呢喃」，就不可以把首相的話聽進去了。

尤其是現在從事教育事業的人，很多人也被窮神所附身，所以受教於這些人，受教者也會跟著變貧窮。那些人們拚命地在傳授這種錯誤的教育。

讓孩子們學習企業家精神是非常重要的事。但是，當老師們都學會「窮神教育」的時候，追隨這些老師的人們也變得貧窮的可能性，就會變得非常高了，這是不行的。

現在，幸福實現黨頒布了一尊手上拿著我的著作《幸福實現黨宣言》（幸福科學出版發行）的「二宮尊德」的小型雕像。以前幾乎所有的日本小學都立有二宮尊德像，我以前就讀的小學也有。

二宮尊德這個人，其實就是擁有和所謂的日本教職員工會教育對抗特質的人。他是資本主義的化身，主張「拚命學習，之後就會賺到錢，事業也會成功」的想法，是一個將學習和賺錢這兩件事串連在一起的人。

對今後的學校教育而言，二宮尊德精神非常重要。

如果能讓孩子們努力學習，保有事業會成功的想法，那麼學校就真正提供了很大的貢獻，所以我認為政府把稅金投資在與學校相關的領域實在是一件好事。

但是，如果把稅金投注在學校，孩子們拚命地接受教育，其結果卻是變得貧窮，或者經營付不起稅金，或瀕臨破產的公司的話，那就沒有任何意義了。如果學校大量教育出這樣的人就傷腦筋了。

學生一旦被灌輸出人頭地、增加收入或財產，是一種「惡」的觀念的話，就無法變得富裕。又或者，萬一孩子被灌輸成為老闆或大企業家、資本家是「不好」的事的話，又有誰會想成為那樣的人呢？

如果有人說「成為老闆會下地獄」的話，那麼此人就不會想當老闆，進而只會想「請讓我當一個平凡的職員就好」。如果有人說「平凡的職員都會上天堂，老闆或幹部都會下地獄」的話，因為害怕下地獄，就沒有人會想要成為偉大的人了。

各位必須摒除這種想法，讓自己能為更多的人提供更多的助益。

就公司的觀點來看，公司需要的人才，是能夠雇用更多的員工，付給這些人薪水，讓更多的人創造其人生的價值。

如果有人能在公司當中，讓許多其他的員工覺得「真慶幸能在這間公司上班，讓我感到有工作和人生的價值。公司不斷發展，對世人有幫助，我覺得很喜悅，如此人生很有意義」，並且對公司心存感謝的話，那麼此人的地位就會逐漸提升，成為重要的幹部或社長，這即是一件好事。

各位必須朝著這個方向前進，從學校教育的階段開始，就必須積極培養企業家的精神。

我並不反對政府撥放教育補助金，我認為這是件好事。但是，萬一教育的方向錯誤，這些錢就可能會浪費掉了，所以，我希望各位能改變想法。

如果能夠明確出「進行具創造性的教育、附加價值高的教育，以塑造出可以提供人們良好的服務，為世人帶來方便，為人們所感謝的工作的『優秀人才』」的方向，然後把稅金用在這方面，那麼金錢就會變得有生命，成為活絡的投資。

可是，如果投再多的錢，最後都如石沉大海的話，那可真是浪費金錢了。

目前就整體來看，日本的學校教育正處於讓人無法有所期待的狀態。

為此，雖然幸福科學是一個宗教，但我們也在實施所謂的社會人士教育。此外，還透過以小學生或國中生、高中生為對象的佛法真理塾「Success No.1」、完全中學的幸福科學學園來教育孩子們。

我們希望能夠塑造出，更多想要增加國家的總體財富的人，或者是為了拯救世界上的窮人，而想要增加全世界財富的人。

真正能鼓勵人的「拿破崙・希爾的名言」

各位必須仔細思考我在前面提到的「波長同通的法則」，努力地拋持著對窮神敬而遠之的思考方式。

在抱持「如果擁有財富，就可以買到時間，也可以幫助許多人。

以行善為目的的財富是好事」的想法時，也要擁有開朗積極、正向、建設性的思考方式。

對於不好的事，最好不要老是牽掛於心。

各位不該像牛隻反芻食物一樣，長期為不好的事情憂煩。牛有四個胃袋，如果牧草等食材沒有通過四個胃袋，或許就很難消化，可是人沒有辦法製造出四個「胃袋」，來反芻自己的失敗或悲慘的體驗等。

各位必須學習避免被不好的事情牽絆住。

不該在幾十年之間，不斷地、不斷地回想起不好的事或擔心的事、自己的失敗或悲傷的事，一直在反芻憂傷。

本會現在有著美國思想家拿破崙・希爾（Napoleon Hill）靈性指導的「趕走窮神祈願」。拿破崙・希爾生前的名言當中，有這麼一段話：「連續失敗三次也不停止挑戰的人，有身為指導者的資格。連續失敗十次還不放棄，繼續奮鬥努力的人則有天才的素質。」

這段話著實激勵了許多人。

像發明家這樣的人，至少要失敗十次也不放棄才行。如果失敗三次就放棄，或者失敗一次就死心的話，當然就無法成為發明家了。

我相信企業家也是一樣，他們一定也經歷過多次的失敗，但要是沒有反覆嘗試錯誤的話，就不可能成為企業家。

因為一次的失敗就完全被打倒，從此就動彈不得的話，那麼一切就到此為止了，所以「失敗三次也不放棄的人，可以成為指導者；連續失敗十次還不放棄，繼續奮戰努力的人則具有天才的素質」，成為了拿破崙・希爾流傳後世的名言。

聽到這一席話，就可以體認到，幸福實現黨還不能放棄政治活動。在國家選舉當中經歷兩次的敗北，還不具有指導者的資格。如果再失敗一次，這才算是有指導者的資格，如果失敗十次，就會產生可望成為政治天才的可能性。但是，要失敗十次也是相當困難的事情吧？

我從年輕的時候就保有和拿破崙・希爾的名言同樣的想法，所以我完全不怕失敗。我把所有的事物都當成學習的機會，把所有的事情都當成踏板，當成是讓自己進一步發展的機會，或者是用來做為發展的創意，這就是我想過的人生。

到目前為止，我獲得了許多方面的成功，所以我有「稍微失敗的權利」。這一點，本會的所有信徒也都一樣。

現今有很多不如人意的狀況，譬如「景氣差」、「工作不順利」、「人際關係受阻」等，但是只要秉持「連續失敗三次左右還能繼續努力的話，就有成為指導者的資格。連續失敗十次還能持續奮戰不懈的話，就有成為天才的可能性」的想法，心中就可以保有游刃有餘的空間。

請各位一定要越挫越勇，保持堅強。同時還要培養從逆境中反彈，從逆境中再站起來的力量。這是非常重要的事情，在現在這個艱困，氣流紊亂的時代裡，這種思考觀點特別重要。

Chapter 3

繁榮思考

第三章　繁榮思考

一、靠著「繁榮思考」粉碎窮神

只要「靈性的自我」超過五成，人生就會改變

本章將以「繁榮思考」為主題進行陳述。

縱觀目前日本及世界各國的狀況，不禁令人思索，這「繁榮思考」不正是人們所需要的嗎？我認為包括日本在內，造成整個地球不幸的思想目前有日漸抬頭之勢，所以我強烈地感覺到「必須以思想戰

來對抗」。

要言之，我想以「繁榮思考」來對抗「窮神思想」。

世人似乎都太小看「心的力量」，多半都只以「心情的問題」或者「微不足道的情緒問題」的程度來思考。

但是，抱持著這種想法，就代表這個人還屬於世間之人。也就是說，把自己定位為「存活在世間三次元世界、物質世界當中的肉體之人」的認知比例超過百分之七、八十以上。這種人就算擁有信仰，對於「靈性的自己」的理解，很可能只有百分之十或百分之二十，或者百分之三十左右。

對於「靈性的自己」的認知比例一旦超過百分之五十，人生就會開始改變，身邊也會發生和現在不一樣的現象，那意味著此人的世界觀有所改變。

超越我的預期，蓬勃發展的幸福科學

回顧幸福科學立宗（一九八六年）之後，二十五年來，我發現自己內心所想的事都如實地實現。從某方面來說，我經歷了「超越表面意識所想的事情在現實生活中發生」的經驗。

在現實生活中發生的事，超越了當時表面意識所想到的事，也就是凌駕了我出生之後接受的教育或經驗，以及在工作上得到的知識或經驗等用來做為判斷根據的事物，甚至更超越了我的預期。

但是，我覺得那並非是偶然。因為這種重大的未來願景，都是我從初期就在講演的內容中陳述過的事。要言之，就是「具體實現需要花費一段時間」。

二十五年前立宗之初，我是從一間只有三坪大的辦公室開始，所以如果當時像現在這樣，有人問我「你相信幸福科學會成為一個，信徒遍佈全世界超過九十個國家的團體嗎」，我想我是答不出來的。

或許是因為當時還不能十分確信，將來可以舉行大規模的講演會，或者在各地建造正心館或支部精舍，或者設立學校法人、成立政黨、以英文演講，在世界各地傳道等。但是我在過去多次講演中，確實都曾提過未來要進行這些事，只是當時我自己還沒能有十足的確認。

人所具備的能力超乎自己的想像

我深刻地感受到，人其實是具備有超乎自己想像的能力。而抑制這種能力的發展，應該就是長期生活在這世間，四周所烙印在各位腦海中的「不可能思考」使然。也就是說，各位被教導「這種事情做了也是白做」、「太勉強了」、「人的能力是有極限」等類似「侷限思考」的東西，而且各位也習慣了這一切，其結果，如此想法就漸漸地烙印在各位心中，進而變成了「渺小的自己」。

有時候，是親子教育讓各位變成如此；有時候，是因為學校的老師如此教導各位的；有時候是出社會之後，朋友或公司的同事、上司也會這樣告訴各位，使得各位產生了如此認知。尤其在日本，向來有「棒打出頭鳥」的風潮，整個社會氛圍傾向於讓人無法做大格局思考。

就像「泡沫」這個名詞一樣，人們往往認為擁有大格局的想法，是某種異常的事情，是太過狂妄自大，與自己的身分不符的事情。

但是就我所見，成功的人們都具有「我該怎麼做才能把自己做大」的想法，並且深信「我做得到」。我認為只有這種人，才能在現實生活中體現成功。

以我個人來說，我不否認，今世由於受到後天教育的影響，一開始，我花了一點時間去習慣這種靈性的思考，我需要一段助跑的時間，結果是「靈性的自己」這一方獲得了勝利。

要言之，當活於靈性的時間，開始比活於世間的時間還要長的時候，靈性的自己就會開始漸漸地變成真正的自己。

一九八七年三月，我在牛込公會堂舉行的第一次講演活動中，講述了法話「幸福的原理」。那一次的講演會大約來了四百人左右，是一個下雪的日子，當時我提到了愛、知、反省、發展的「四正道」。

老實說，雖然講題訂為「幸福的原理」，但在講演之前我並沒有思索要講什麼內容，就這樣登上了講臺。並且，從那之後的二十五年以來的每一場講演，我沒有一次曾事前思索要講什麼內容。

然而，基本上，我在第一次的講演會中所說的內容，日後成為了幸福科學的大致輪廓。就這一層意義來看，我的法話「是我所說，亦非我所說」。換言之，那是天上界的偉大力量，讓我成就了如此工作。這種情形也經常發生在過去的宗教上，但是很明確的，在格局上我是比這些宗教更大的。

過去在傳道之際，難免會遇到言語上的障礙，或有交通工具上的障礙，甚至也有情報通訊上的障礙。也因此，沒能成就多大的工作，要花上幾百年的時間教義才得以宣揚。然而，現在各方面都變得非常便利了，傳道的工作變得輕鬆許多。我認為這意味著，偉大的工作得以成就的時期到來了。

體現真正的「信仰的力量」

但是，也有若干不甚完備的地方。那就是「有許多人還沒有真實體會真正的『信仰的力量』」。

舉例來說，有相當多的人因為世間的某些理由而自我設限，認為「不可能」，也有不少人在出現某種障礙，或者遭到抵抗時就產生挫折感，再也無法重新振作。

但是，到目前為止，我一直從各種方面來論述，包括「常勝思考」，還有「不畏苦難、困難，放大格局的作戰方式」，並且我自己亦是如此實踐過來了。

附帶一提，我所出版發行的著作已經超過八百本了（二〇一一年底時的著作數），但在一九八〇年代，在神田的書店街一帶就已經流傳著「聽說這個作者一生打算出版一千本書」的傳聞。當時剛好是開始每個星期出版一本靈言集的時候，我還記得隱約聽到有人表示「看這個態勢，也許他真的能出到一千本書」。

之後在一九九一年，本會取得了宗教法人資格，在東京巨蛋舉辦大型講演會，其結果，本會開始接受來自媒體的「洗禮」，或者是說「祝福的叱責」。

當時，評論本會的媒體人表示：「要批判幸福科學就要先看完一百五十本書，誰受得了？」我還記得有人寫出這樣的評論內容：「為了寫評論，桌上堆了一百五十本之多的書，看完之後，內容漸漸地就深入腦海當中，差一點就變成了該會的信徒，太危險了。還好，書籍的內容都很『易嚼』，屬於再多『都吃得下』的書，總算是全部看完了。」

可是，在那之後我不再走「易嚼」的風格，開始跨越各種不同的領域，出版一些內容相當艱澀的書籍，針對各方面陳述意見。我想，從某種意義來說，那大概是代表我本身「成長」了。

一九八六年立宗五年之後，本會剛取得宗教法人資格的時候，「真正地對整個日本負起責任」的心態還不是十分成熟。

我記得當時十分欣喜於「我們的團體成了合法的宗教法人」一事，「想讓世人都知道這個好消息」的心情凌駕責任感之上，然而現在，我真的感受到了對這個國家和世界所該負的責任。而且，基於這種責任感，「想辦法將日本和世界帶往好的方向」的心情開始強烈地湧上心頭。

二、全世界開始追求幸福科學

「對宗教沒有偏見」的世界各國

二〇一一年夏天，本會在非洲的烏干達也建蓋了大型的支部精舍。目前非洲的信徒人數剛好超過二萬人（二〇一一年底）。我本身還沒有到過非洲，但是本會的傳道工作已經進展到這種程度了。此外，印度的信眾人數也已經遠遠突破了十萬人，目前仍持續增加當中，目標是達到百萬人。目前本會的教義就以此猛烈的態勢在海外拓展當中，活躍的狀況跟日本有點不同。

最先在烏干達傳道的是一對日本的外交官夫妻。尤其是夫人更是熱心傳道，她分送了英語版的教義小冊子給民眾，募集到了一百名左右的信徒。我還記得，我是透過教團對內的影像看到她布道時的模樣。

然而，當信眾增加到百人或兩百人左右時，或許是太過活躍的傳道活動引起有心人的忌憚，那對外交官夫妻就被調派到其他的國家去了，然而，傳道的「基因」已經根深蒂固，目前信徒的人數來到以萬為單位了。

此外，我在二〇一一年的九月份前往馬來西亞巡錫，當地的信徒們靠著自己的努力，花了十年建蓋起了支部精舍，實在是很不簡單。巴西的信徒們也靠著自己的力量建造了正心館。即便我沒有前往傳道，海外的信徒們也都靠著自己的力量，成功地完成了設施的建造。

這樣的傳道活動，終於也擴展到日本全國了。

從某方面來說，本會行事用心至深，同時也因為在世間的發展方法，尚有未能具體而有效之處，所以發展的腳步或許有點緩慢。

然而，當我開始到海外去傳道之後，我逐漸確信「這個教義真的具有普遍性，是可以適用於世界各地的教義」。

雖然思想信條不同、宗教不同、民族不同，我的教義卻可以通行無阻，這是一種難以言喻的感覺。不管對方是基督徒，還是天主教徒、伊斯蘭教徒、佛教徒都好，一樣都可以相通。

進行二〇一一年的「亞洲任務」（前往亞洲各地傳道）時，讓我深刻地體會到這個事實。我先到印度及尼泊爾這兩個釋尊活動的地區和誕生地（二月底～三月上旬），然後又到天主教國家菲律賓，以及少數人信奉佛教和道教，卻有著強烈無神論精神的香港（五月）。然後再繞到特別沒有宗教色彩的人工國家新加坡，以及伊斯蘭教國家馬來西亞（九月），最後造訪了小乘佛教（上座部佛教）之國的斯里蘭卡（十一月）。

不論到哪個國家，我所說的話都能直達聽眾的內心深處。從某方面來說，我有一種和這些海外信眾心靈相通的程度超過日本的感覺，我想也許是因為他們對宗教沒有偏見的緣故。

他們不會像日本人那樣，對宗教保持一定的距離，並且有著先抱持質疑態度的特性。他們認為「宗教是好的」。因此對於幸福科學，他們也多半是抱著「究竟是什麼內容的宗教呢？」的關心態度來看待。

我在立宗之初就說過「幸福科學的教義和所有的世界宗教相關，並沒有否定其他的宗教」，而這個觀點在經過二十五年之後的現在，正逐漸獲得實證當中。

本會在海外發展的速度及範圍，或許會比日本國內還要快而大得多。

拋開「緊縮式思考」，以更大的格局來思考

目前，由於本會正面臨必須將教義大力地宣揚到世界各地的時期，所以我認為在日本國內有進行革新的必要。

尤其是日本人素有島國的特性，往往受「緊縮式思考」影響認為「我們沒有什麼了不起」，資訊方面的流通也只以非常小的格局來進行。

可是，亞洲、非洲各國和南美等國家都對日本有很高的評價。他們一直很專注地觀察著「日本是如何做的？日本是如何想的？」

舉例來說，我在馬來西亞舉辦講演會的時候，甚至有人花了相當於兩個月薪水的費用，從伊朗搭飛機前來聽講。伊朗的物價和日本不一樣，收入也不同，而此人卻花了兩個月份的薪水，千里迢迢跑到馬來西亞聽我說法。現在，現實世界中就是有這種事情發生，幸福科學的教義正逐漸在世界各地蔓延開來。

此外，在尼泊爾每兩個國民當中，據說就有一個人知道「大川隆法」這個名字。雖然我只去過尼泊爾一次。而且，我是從印度的德里搭乘飛機前去說法，當天往返，連一晚都沒有停留。但是透過民營電視臺和國營廣播電臺，我的講演在尼泊爾全國進行了實況轉播，各家的媒體也前來採訪，在尼泊爾國內掀起了一片熱潮。

而在新加坡，車廂外貼著放大我臉部特寫的巴士四處飛馳。另一方面，在東京，則因為法規限制非常嚴格，所以這種廣告巴士似乎沒辦法上路。

本會目前在世界各地的活動，受到了如此熱烈的關注。我深深地感覺到，人們需要幸福科學教義的程度遠超乎我們的想像。

舉個例子來說，持續了將近二十年內戰的非洲烏干達亦是如此，而讓人感到不可思議的是，連伊朗也認為「這種教義正是目前的伊朗所需要的」，馬來西亞和巴西也是一樣。

今後，我想美國或歐洲等先進國家也會開始需要如此教義。

三、逐漸成為「世界典範」的日本

日本的使命是提示「新典範」

我非常清楚現在歐洲和美國之所以感到痛苦的理由。

尤其是美國，該國想成為像日本一樣的國家，卻又因為無法如願而感到痛苦。也就是說，美國想要日本化，卻又沒辦法順利實現。不過說起來也是理所當然，兩者在文化上是不一樣的，美國是無法和日本一樣的。

發生在華爾街的抗議事件，也是在極力地訴求日本所說的「貧富差距」的問題，然而，他們似乎還沒有完全了解到，事實上有些事情光是採取這種行動也無法解決。

現今日本應該做的，並非是模仿某個國家。日本應該模仿的事情幾乎已經不存在了。

其他國家確實還是有一部分的東西，是比日本先進的。譬如，外太空的開發工作就是其中之一。有三、四個國家在這個領域比日本還要進步。此外，在軍事技術方面比日本先進的國家或許也有一兩個。至於其他的部分，老實說，已經沒有任何國家足以做為日本的典範了。

反過來說，拚命地追趕日本，企圖超越日本的國家卻多不勝數。

日本現在已經來到了，必須創造出下一個「新的典範」的時代。人們必須了解到這個事實。以前模仿他人是無妨，然而，現在光是模仿是不行的。必須不怕難為情，盡力展現一個「新的典範」。

距今約三十年前，當我還在美國工作時，有人說「在美國發生過的事情，十年後將會在日本發生」。

因此，過去我認為「只要在美國學習，就可以成功」、「只要在日本進行過去在美國社會曾發生過的事，一切就能成功」。家電業界等業者就是如此，汽車產業也是一樣。

然而，現在已經不是這樣的時代了。日本必須樹立起新的典範。

現在，歐洲各國集合起來所成立的歐盟，也面臨運作不順的窘境，以希臘為主的幾個國家眼看著就要拖垮整個歐盟了。德國想力挽狂瀾，卻是力有未逮。

但是，日本的經濟遠比歐盟的主要國家德國和法國，或者英國還要巨大。經濟體已變得如此巨大，日本人卻還沒有發現那般力量。

另外有人說「中國的GDP已經超越日本」，然而箇中的真正意義是「人口有日本十倍之多的國家終於趕上了日本。也就是說，他們來到了『十個中國人辛勤工作才能賺得一個日本人賺得的錢』的水準」。

因此，日本和中國之間的差距還有一大段距離。「每一個人有十倍的差距」是相當大的距離。各位從來都沒有想過自己從事的工作有多麼地了不起吧？大家都覺得自己只是很平凡地過著生活。儘管如此，日本人賺到的卻是中國人的十倍之多。

現在，日本應該成為世界典範的時候到來了。

看得到幸福科學，就看得到「未來」

新的典範在哪裡呢？

客觀地看來，我堅信「未來就在幸福科學」。我要以充滿自信的口吻說：「只要看幸福科學，就可以看到日本的未來。同時，也可以看到世界的未來。」

事實上，我非常明白世人有「我想學習幸福科學的教義」的心情。我的著作在中國也很暢銷，那是因為，只要看了我的著作，就可以看到未來，知道該怎麼做好。所以，我的作品目前在中國也被視為珍寶。

學習幸福科學教義的人們，事實上正看著未來。看著現在正在創造「未來社會的理想形象」。我一直有一個想法，那就是「想建立一個成為世界的典範，以宗教立國的國家」。

靈性的覺醒或自覺促進「世間的繁榮」

我要一再強調，想要信仰得以成立，就不能無視「靈性的存在」。當然，「世間的繁榮現象」會大量出現。事實上，如果沒有發生這種雙眼可見的現象，世人就不會了解宗教的重要性了。

然而，其根源畢竟還是屬於靈性。也就是說，我現在想要建立一種思想，那即是「靈性的覺醒或自覺，將促進這個世間的繁榮」。

譬如，斯里蘭卡是個小乘佛教的國家，小乘佛教是模仿原始佛教而來，現在仍然繼續存在。然而，斯里蘭卡的極度貧窮狀況並沒有改善，內戰也遲遲無法結束。

這是因為，小乘佛教的教義當中欠缺「發展」的思想。

為了彌補這個缺失，這一次，我提出了「愛、知、反省、發展」之四正道做為幸福的原理，當中加入了「發展」的教義。除非加入這個要素，否則就永遠無法成為未來型的宗教。我認為，對於小乘佛教的國家而言，必須要讓他們理解這部分的教義。

以前的宗教沒有針對經濟原理陳述理論，那是因為在其講述教義的時代，經濟原理尚未發達，就僅是如此單純的理由。

因此，在經過兩千多年之後的現代，必須大力宣揚新的原理。

四、保有高層次的「大格局思考方式」

繁榮的原點當然是回歸到每個人的身上。特別是，我希望各位的思考方式能夠再放大格局。

身為個人，最低限度也要「放大一個格局」思考。意思就是說「不只是個人的思考方式，生活狀態、讀書的內容、工作的內容、包括公司在內的人際關係等，各種事物都要做轉換」。

請各位務必要了解「隨著你個人的格局變大，各種事物也必然會產生變化」。

在發生變化的時候，或許會伴隨著某種痛楚或悲傷。

譬如，你任職於某間公司，等有一天你的工作表現變得非常優秀時，漸漸地就會覺得在這家公司待不住了。事情總會變成這樣，這是理所當然的事，然而，你究竟能否忍受如此狀態？

當然有時候公司會讓步，給你符合你能力的工作，改變你的職位、讓你升遷。然而，有時候你實在再也待不下去了。此時，你可能會轉換到其他公司，或者自行創業吧？

如此一來，在你四周的人際關係當然也會跟著改變。

之後，隨著你能認識到自己本身有多少的重要性，也就是隨著你改變自己的想法，你周遭的景色也會漸漸變化，這也是無可奈何的事。

當然，你看的書自然也會跟著不同，思想會改變，行動會改變，發言的內容也會變得不一樣。並且，世人對你的態度也會改變，收入也變得不同。

要言之，只要自己的內在改變、想法改變，就會獲得相對應的收入和地位。世人其實是看得很清楚的，此人只會獲得與自己能力相符的收穫。

因此，各位不可太過執著於至今為止已經習慣的事物。針對各種事物的變化，請放寬心接受「事情就是這樣」，然後告訴自己「事情總是得要轉變的」。

我自己也是一樣。最近，我在說法時都會戴上戒指。十年前，我覺得這麼做很不好意思，遲遲不敢戴，但是現在已經可以淡然看待了。正因為抱持著「繁榮思考」的觀念，所以可以用平常心面對。

想法真的是會改變的。

五、克服危機，創造「未來社會」

日本應該提出符合國力的「下一步思考方式」

現在的日本一直處於「窮神政權」的狀態，如果再這樣持續下去，日本這個國家就會變得更加貧窮，所以我認為必須提出反向的思考方式才行。

日本其實有著更大的機會。

明確地來說，現在全世界各國的狀況都不佳。不管是歐洲還是美國，或是其他的國家，大家在各方面的狀況都不好，就連中國也處於泡沫崩壞的邊緣，經濟正逐漸沉沒當中。

因此，若是日本現在可以撐過去，跨越震災的損傷，飛躍前進，日本就真的可以成為世界的領導者。

現在正是大好良機，不可以採取緊縮政策。這是展現日本「雖然經歷了重大的震災，但是這個國家有著順利跨越難關的力量」的時候。核電廠的問題也一樣，這是「如何克服這個危機，建立未來社會」的大好時機。

今後日本將成為世界的典範，所以其他的國家想怎麼做，已經跟日本沒有關係了。我們必須彰顯的是「這個日本該怎麼做」的典範。

不能光是回顧過去，必須往前邁進。為了樹立典範，就需要有勇氣，並且可能伴隨著痛苦。但是，如果無法承受這些問題，那就什麼都不用說了。

以前，某個日本大報的社論就寫著「紐約華爾街的抗議活動控訴『百分之一的人賺大錢，剩下百分之九十九的人卻一貧如洗，生活痛苦』。政府應仔細傾聽那百分之九十九的聲音」。

這就是所謂的馬克斯主義思想。看到這篇社論，我不禁心想「這是幾十年前的社論嗎？」如果有這種舊式思考模式的媒體傾力支持政權的話，國家一定會一貧如洗，日本必須想辦法跳脫這種思考方式。

日本必須提出與現在的國力相符的「下一步思考方式」。那就是「日本培養出更巨大的力量，發揮領導力，帶領世界前進的時候到來了」。

現在不是鎖國的時候，日本必須成為世界的領導者，對此各位務必要理解。

中東的以色列和伊朗一直處於對立的局面，針對這個問題，美國採取的態度是拖拉不處理，使得阿拉伯諸國倍感困擾。他們強烈地表明「希望日本介入，想辦法解決」的態度。也就是說，他們覺得「只有日本能夠要求美國積極調停」。

要言之，假如再這樣惡化下去，恐有發生戰爭之虞，唯一的方式就是日本說服美國，調停阿拉伯各國和以色列之間的關係，除此之外，別無他途。

事實上，只要美國總統一個人下判斷，就可以想辦法解決，然而現在卻處於不知如何是好的局面。因此，他們才會有「希望日本提出意見，表明該怎麼做才好」的想法。都已經走到這個地步了，日本卻遲遲不表態，真是一個悲哀的國家。

事實上，日本的總理大臣於二〇一一年前往美國與美國總統會談時，也只花了短短的三十分鐘就被「莎喲那拉」，幾乎只是打個招呼就結束了。也許對方的想法是「民主黨執政以來，這已經是第三個首相了。反正你們也沒什麼內容，而且再不久就又會換首相吧！」

日本的總理不獲外國信賴，是一件非常悲哀的事情。至少應該選擇一個比較有一點自信，肚子裡面有點東西的人才是，而總理至少也要努力讓自己成為這種人，保有傾聽諫言的度量。

創意思考，就會出現許多「發想」出來

目前，「該不該增稅」這個問題是日本面臨的最重大議題。

由於財政出現嚴重赤字，所以政府想增稅的理由當然是情有可原。

然而，既然如此，我們就想問「關東大震災之後，是否增稅了呢？」當時是否可以喊出「因為關東地區承受這麼大的痛苦，所以要對全國人民增稅，以填補這個缺口」的口號呢？當然不可能，當國民

受苦受難的時候，怎麼可能還增稅。

又或者，在二次大戰中日本是敗北了，但當時是否為了戰後的重建工作而課重建稅呢？當然是不可能的。當人民「從一片廢墟當中努力重新站起來」的時候，政府是不可能增稅的。

這一次的情況也一樣，「為了災後的重建工作而增稅」，純粹只是拿震災做為藉口而已吧？如果此時做了錯誤的判斷，日本就真的會一敗塗地了。

聽說以前因為說出「日本也會變得跟希臘一樣」的不當話語，而慘遭砲轟的經濟白痴首相在福島發生核電意外時，每天都在想像東京毀滅、首都崩壞的事情。

面對這樣的人，我出版了一本談「不可去四國巡禮」的書（《如果空海看到民主黨政權的所作所為的話，會說什麼呢？——禁止菅先生到四國巡禮之法——》〔幸福實現黨發行〕）。不過，他在辭去首相一職之後，好像又開始從五十四號寺廟的延命寺開始巡禮了。空海也非常困擾，明明都說「我空海禁止你做四國的巡禮」了，有人卻不聽，硬是要去巡禮。

這個人在擔任首相時，每天都一直在想著首都崩毀的景象，如果一天到晚都在想這種事，日本怎麼可能會好？

相對的，即便在發生核電廠爆炸的意外時，我依然毫不動搖，首都不可能會崩毀。因為我在東京活動，所以不會發生那種事。我抱持著「幸福科學今後將要成為世界的領導者，必須要拯救全人類，怎麼可能讓首都崩毀」的想法，不為事故所動。

震災之後，位於櫪木縣那須町的幸福科學學園的學生們，都投宿在東京正心館。這些學生當中所有的高一學生，原先預定在三月下旬前往紐約和波士頓進行語學研修，但是因為擔心福島的核電廠意外造成的影響，所以比預定的時間提早到東京來。

我心想「既然都來了，就別放過機會」，然後把他們找來，進行英語特訓。我告訴他們：「這是一個好機會，在你們前往美國之前，我為大家進行英語會話特訓吧！」

而且我還告訴他們「擔心日本也於事無補。你們待在日本也幫不上忙，所以就請按照預定計畫到美國去。為了將來，你們必須去學習語文」。

我相信這個判斷是正確的。我的心志絲毫不為所動，一點也不擔心。

如果老是想著負面的事情，對事情也沒有任何助益。以創意來思考事情，可以創造出許多發想。各位必須了解，任何事情都可以從根本重新來過。

透過大規模開發，留下「給未來的財產」

基本上，我認為「震災的重建工作應該交由民間主導」。這個時候應該發行六十年左右的建設國債，而不是增加國債赤字，以大力建造以前沒能建蓋起來的設施。

縱觀現在的亞洲各國，都市圈都相當地發達進步，很多地方甚至都比東京進步。對日本來說，這是一種恥辱。現在正值日幣升值的時候，各位不妨偶爾到國外去看看，自然就會知道東京有多麼地寒酸。

也就是說，日本還有很多應該要做的事情。新加坡的雙子星大樓比六本木新城要有氣勢。各位千萬不可因為有六本木新城就沾沾自喜，我們必須建蓋出更氣派雄偉的設施才行。

那棟雙子星大樓，一邊是日本企業建造，另一邊則是由韓國企業建造。「既然可以在外國蓋這種建築，為什麼不能在日本建蓋」，這真是一種恥辱。

東京的品川車站還只是二樓建築。這幾乎成了一個「笑柄」。京都或名古屋的車站上方都蓋有高層旅館，可是品川車站卻只能運用這麼可憐的資產，說起來實在是很可惜的事情。我要呼籲的是「好好地做該做的事」。

日本是擁有大量債權的債權國家，要把債權換成錢不是不可能的事情。日本還是很值得投資的。

有債務的是政府，而人民是債權人，所以一點問題都沒有。有人說會「債留子孫」，但這是錯誤的說法。為了把財產留給未來，為了把財產留給我們的子孫，現在就必須進行大規模的開發，大家要知道「現在大規模的開發是可行的，該是實際進行的時候」。

只要有幸福科學，繁榮是日本唯一的未來榮景

就算發生震災，我認為也不用為這種事情而感到恐懼。現在正是測試日本能力的時候。規模九級的震災是不可能讓這個國家毀滅的。

日本反而應該要以此事為跳板，思考讓發展落後的東北地區進一步發展的方法。而且還要培養出如果今後還有其他的地區發生震災時，都可以立刻著手重建的能力。

看看神戶吧。一九九五年發生大震災的時候，也有人認為「神戶就此毀了」，然而神戶現在卻顯得欣欣向榮。這就是日本的力量，我想要相信這股力量。

幸福科學這個宗教講述以支撐這種繁榮為主軸的教義。只要幸福科學繁榮、發展，而且規模繼續擴大，日本就一定會繁榮發展。

而且，我希望各位要有一個強烈的自覺——「我們有成為世界領導者的義務」。

這是我從創教之後經過二十五年多來的決心。

Chapter 4

靠近繁榮之神

第四章　靠近繁榮之神

一、廣島對日本造成的巨大影響

從廣島開始邁出第一步的支部巡錫

我從二〇〇七年六月二十六日，開始了日本國內的支部巡錫，而踏出的第一步即是廣島市。所以，我對廣島這塊土地有著很深的感慨。

一開始，教團內部對於總裁跑到支部精舍一事有反對的聲浪，持否定的看法，意見十分分歧。然而，雖然對我本身來說是一種相當大的體力負擔，不過一直到二〇一一年十月為止，長達四年多的時間，我都一直持續到各支部巡錫。

這四年多當中，包括在支部以外的地方說法在內，我一共進行了六百多次的說法。著作也追加了幾百本，也增加了海外巡錫。

現在在海外，我的說法會場規模已經變得很大了。甚至曾在講壇的四周搭起帳蓬，在戶外進行說法。現在信徒已經多到幾乎沒有任何建築物可以容納聽眾了。

就結果來說，我的感覺是「這四年當中，教團該做的事情都已經完成了」。

而所有的工作是始於廣島的第一步。

「核能過敏」和「寬鬆教育」是「源自廣島的原罪」

我認為廣島對日本有兩個很重大的影響。

其中的一點是因為「受到原子彈的摧殘」，使得這個地方成了日本國內對核能產生過敏的震央。

說起來，二〇一一年的「三一一」（東日本大地震）海嘯災難，當時的福島核災所引起的核能症候群，也是因為當年受到原子彈傷害的意識，成了日本人的心靈創傷的緣故。

這是廣島給予整個日本的影響之一。

另一點就是所謂的「寬鬆教育」。從一九九〇年開始的「寬鬆教育」可以說就是從廣島開始的。

我是四國出身，德島縣一帶的學校校長，有很多都是廣島大學的畢業生，所以我本來以為廣島是個教育縣。

然而，在九〇年代前半，當時日本教育部的某位課長，前往廣島縣擔任教育委員會的教育長時，開始在廣島縣推行「寬鬆教育」。

這個教育方式被推廣至全國，結果使得日本的國際競爭力大幅下滑，造成了這十幾年來的腳步停滯。

之前的日本維持著接近世界最高的教育水準，然而自從實施寬鬆教育之後，各個科目的學力都大幅地滑落。

推行寬鬆教育的人們，沒能看清楚一個事實──「接受寬鬆教育的世代，從學校畢業進入企業開始工作之後，企業的戰鬥力就會整個下降」。

他們只想到「只要解決教育現場的問題就夠了」，說得明確一點，他們大概無法理解「提高教育的有效性，提升教育的水準就等於提高日本企業的水準，保住日本的國際競爭力」的道理吧？

他們關注的重點，只有「教育的現場運作順利就好」。

我認為，這兩點正是廣島對整個日本造成的重大影響。

被丟下原子彈當然是被動的事情，並不是我們自己製造原子彈破壞廣島的街道，所以責任絕對不在於我們。也因此，我認為「如何評價當時的原子彈」是個人的自由。

但是，如果那種思考方式過度流向反近代化、反現代化的方向，成為左翼思想的根源的話，這就是很傷腦筋的事情了。

此外，從某種層面來說，如果那種想法接近一種心態──「想把因為原子彈的傷害所造成的荒廢，擴散到整個日本」的話，要言之，如果對於原子彈造成傷害的怨恨之情尚未消失，進而演變成「想把人們也全都拉往那個方向」的話，那就有問題了。

此外，在教育問題方面，對於校園霸凌、教室秩序崩壞的解決方法，如果是「只要降低課業的水準，讓每個人都可以拿到滿分，問題就解決了」，那就未免太天真了。

這樣做的結果，會造成不得不去補習班惡補的孩子越來越多，可是由於孩子們在學校學到的基礎學力水準下降，所以就算上了補習班，也只會造就出連補習班也跟著一起沉淪的狀況。

於是，孩子的負擔增加，每個家庭的家計負擔也增加，但日本的國際競爭力卻不升反降。

推動寬鬆教育的人們，忘記了是「教育」締造了戰後日本的發展。這是絕對不可忘記的事，而且也不能忘記「在明治維新之後的日本，走向近代化的潮流當中，人們在由幕府末期開始推行的私塾教育中拚命學習，成了國家進步的原動力。因為有這樣的傳統，日本才得以避免像其他的亞洲國家一樣沉淪」。

從某方面來說，這兩件事應該說是「源自廣島的原罪」。既然如此，針對這些問題，我想還是應該從廣島開始重新修正會比較好。

日本和歐美列強不同，曾大力發展被殖民國

針對日本在以前的大戰中的行為，有很多人主動懺悔、反省，我相信日本人也都有這樣的心情。

但是，凡事都有功過兩面，在戰爭當中獲勝的國家未必就是對的。我在亞洲巡錫的活動當中，走過亞洲各國，最近有很深的感觸。

在之前的大戰當中，日本大約有三百萬人死亡。開戰時，日本的人口大約是八千萬人，當中的三百萬人死亡了。

我到海外巡錫時，針對巡錫國做過調查，看過亞洲各國的歷史之後了解到，在幾百年之間，亞洲各國曾經為歐洲列強所支配，淪為殖

民地。遭到日本支配的時間其實很短暫。

如果歐洲列強是為了讓亞洲的人們得到幸福而加以支配的話倒好，然而事實上，大部分的狀況都是「掠奪資源帶回母國，在歐洲消耗」。

此外，印度也被英國支配了大約一百五十年之久，期間，印度幾乎可以說完全沒有發展，其他的國家也一樣。被歐美圈當成殖民地的國家，幾乎都沒有任何發展。

或許日本有些部分與歐美強國類似，但日本努力地對支配的國家進行基礎建設整備和教育，很多國家因而有長足的發展。

從反對陣營的角度看來，也許我這樣的論述只會被視為是推諉塞責的藉口，然而，「有些日本人認為也該讓其他亞洲人獲得幸福」，這是不爭的事實。

日本對台灣也是抱持這種心態。日本在統治台灣期間，曾經派遣新渡戶稻造，還有之後成為東京市長的後藤新平等一流的人才前往台灣。日本政府將頂尖的人才送到台灣，幫助台灣發展。

因此我認為，日本和歐美列強是不一樣的。

我也曾到菲律賓說法過（二〇一一年五月二十一日），但是我完全感受不到菲律賓人對日本的怨念，我反而有「菲律賓人對日本抱持著尊敬的心態」的印象。

我甚至覺得日本在二次大戰中，即便曾經在菲律賓境內打敗過美軍，之後吃了敗仗，但其結果反而使得菲律賓的發展腳步變慢了。

針對日本在二次大戰中的行為，一味地抱持「都是日本人的錯」的心態反省並不是好事，希望各位能了解這一點。

此外，也請各位要了解「在日本神道的眾神中，認真地考慮解放殖民地問題的也大有人在」。

就這個角度來看，我們的祖先所做的事情，絕對沒有法西斯主義的色彩。我想強調的一點，就是「日本人和殘殺六百萬猶太人的納粹不一樣」。

但是，把原子彈投到日本的國家，到目前為止，或許依然把戰前的日本視為納粹的同夥人。然而，只要傾聽靈界高級靈們的意見，就會明確地了解到「兩者是有不同之處的」，對此我要提醒各位。

敗戰國的領導高層有下地獄的人（希特勒），戰勝國的領導者也有下地獄的人（史達林）。日本雖然是敗戰國，然而當時的領導人昭和天皇死後回到高天原（編注：日本神明所住之地）卻也是事實。我相信，戰後日本皇室還健在，一定有其意義所在。

戰前日本沒辦法發展到世界之冠，這是無可奈何的事情，然而，自從泡沫經濟崩壞之後，日本也依然沒能在沒有疆界的世界中成為領導者，這著實讓人感到遺憾。

我強烈地感覺到「日本應該更加努力，以期今後能成為世界之光，引領世人」。

二、去除否定性的用語和想法

習慣講悲觀話語的人不易成功

我想進一步重點陳述本章的主題，也就是「靠近繁榮之神」的論點。

首先，我要從個人的觀點切入，我可以斷言「習慣講否定或悲觀話語的人不容易成功」。

就像口頭禪一樣，習慣動不動就提到自己的失敗或挫折、痛苦的經歷、對現狀的不平、不滿或牢騷等的人很難成功，因此也很難得到幸福，更無法享受到繁榮的好處。

希望各位要了解，這是一種法則。

至於為什麼會這樣？那是因為一再從自己口中說出來的話語，會再從自己耳朵進入，形成一種自我暗示。如果經常朝著一定的方向以這種方式下達命令時，在無意識當中，我們就會往那個方向行動。

這也稱之為潛在意識，如果有說悲觀話語的習慣，就等於一直對潛在意識下達這種命令，於是就會受不好的事情或否定性的事情吸引，將己心帶往那個方向。

各位必須覺悟到這是一種法則。如果反覆出現這種負面（否定性的）的話語或想法時，就要想辦法將之消除。

人的心無法同時思考兩件完全不同的事情，所以各位必須仔細思考「要選擇哪一個？」

譬如，請在心裡同時想著飛機和船。這是相當不容易的事情。如果要求你「請同時想著搭乘飛機的自己和搭著船的自己」，也不是那麼容易就做得到的，總得選擇其中一種。

因此，「心裡想什麼」就是非常重要的事情了。

如果想著負面事物的期間太長，基本上，這是有著不幸傾向的人，在實際的生活當中，就會出現與負面色彩扯上關係的現象。

這是因為，此人就好像主動在追求不幸一樣。因此，身邊的人也會感覺到「難道此人希望得到這種待遇嗎？」

現在針對人的類型有各種說法，譬如「S」（施虐狂，Sadism的頭一個字）或「M」（被虐狂，Masochist的頭一個字）、「肉食系」、「草食系」等，而這些特質多多少少都有些吸引人的部分。

當一個人變得自虐，無可避免的，四周人就會有想要欺凌這個人的想法，所以當事人必須針對這個部分重新加以修正。

也就是說，因為此人看似主動追求「那樣的待遇」，所以四周人們的行為很自然地就會朝著實現的方向發展，最終就招引了那樣的結果。

至於其他的人們，有人會對不懷好意靠過來的人嚴峻喝斥，也有人就是說不出口。有人會產生「此人好像希望別人對他講些難聽的話」的感覺，莫名地就想欺凌人。

有人遭到欺凌時會覺得「我果然被欺凌了，我是個沒用的人」，確認自己就是這樣的人之後反而「感到慶幸」，追根究柢，原因就在自己的想法，這種人只是不知道如何控制自己的心而已，所以請努力改變自己的心靈狀態。

切莫在意枝微末節，抓緊重要的樹幹部分

對此我絕對不是抱著說風涼話的心態，我自己在二十歲左右也有這種傾向。

現在的我被稱為「地球之神」，有些話不好啟齒，但是從某方面來說，十五歲到二十歲左右的我，有著近似「極端被虐狂」的精神傾向，也就是將小事情放大、悲觀解讀事情的傾向。

我想升學考試的影響也是原因之一吧？我嚴重地陷入減分主義的情境當中，一些細微的錯誤都會被我放大來看。

我覺得很多長期參加考試的人，或者本來是秀才的人，有著把「如果被這種事情給牽絆住根本就是個錯誤」之類的微不足道的事情，解讀成人生大事件的傾向。本來事情根本就不到當成「生死大事」的大騷動來看待的程度，可是一般的考試秀才卻有這種強烈的傾向。

本會當中也有很多名校畢業的大學生，但是就我的觀察，「頭腦明明那麼聰明，工作效率卻不彰」，似乎有不少人動不動就會去在意「枝微末節」。

也就是說，這些人極端地在意小錯誤，整個心思都放在上頭，以避免再出現這種錯誤，卻沒有將注意力放在重要的「樹幹」上。

一旦有這種傾向，就無法提升工作的成績。於是就變成「只在意小事，除非把小事做到完美，否則企劃內容就提升不起來，工作也做不完，導致遲遲沒有進展」的下場，工作效率變得非常地差。

這種人就如「帕雷托法則」（也稱為80／20法則）所說的，他們的思考方式不是「只要控制住兩成的重點部分，就可以控制整體的八成左右」。這些人不懂「工作當中有兩成的部分是重要的，只要掌握這兩成，就可以涵蓋整體的八成左右」的道理。

譬如，一間擁有百家客戶的公司，事實上，支撐該公司營業額的百分之八十左右的，多半是這百家客戶當中的二十家左右。

因此，事實上只要明確地掌握這二十家客戶，其他所要付出的勞力就相當輕鬆了。但是不懂得掌握工作訣竅的人，卻反過來拚了命地拜訪銷售成績不怎麼好的客戶，而把重要的客戶晾在一旁。

業績不佳的公司從高層到業務員都有這種傾向。

出人意料的是，有些在考試方面表現傑出的秀才，並沒有「掌握重點」的概念。各位對此得多注意一點才行，這種事是必須要學習的。

「雖然看似籠統，但必須重點掌握重要之處，必須具備如此能力」，這方面學校老師不會傳授，所以在工作的世界當中，必須進行某種程度的指導。

我認為有必要言明在先，「工作上需要有這種大膽的氣魄」。

三、兩家航空公司在服務上的差異

真的有站在「顧客的立場」思考嗎？

在針對經營方面說法時，我一再強調，在工作時「站在對方的立場來思考」、「以顧客的立場來思考」是很重要的事情。

這些事情學起來、聽起來都很簡單，但是真要實踐起來並不是那麼容易的事。運用豐富的想像力，站在顧客的立場來思考，說起來並不是每個人都做得到的。很多時候，我們面對顧客時都自認有這樣的心態，然而事實上，我們只是做自己想到的事情而已。

因此，最好不要把「站在顧客的立場來思考」這句話看得太簡單。我們在心態上經常會有「為客人而做，工作時以客人為第一考量」的想法，事實上往往並非如此。

此外，也有很多人明明對同業的人或者同業的其他公司，所提供的服務不是十分清楚，卻大言不慚地說「我們公司是日本第一」，這種心態也得要小心為宜。

新加坡航空公司讓人驚訝的服務

我於二〇一一年九月前往新加坡和馬來西亞說法，我前往新加坡時搭乘的是新加坡航空公司。這家航空公司以服務佳聞名全世界。

也許各位也聽說過，在機艙內提供服務的是穿著民族服飾，身材勻稱且美麗的空中小姐（客艙服務人員）。她們的民族服飾是緊貼著身體的線條裁製，所以大概只有苗條的人才能穿吧。

我搭乘的是上午從日本起飛，傍晚抵達新加坡的班機，飛行時間大約有七個小時，我訂的是等級比較高的座位，所以很難得地，我得以在飛機上睡個午覺。

座椅的設計不是那種乘客直接坐在上頭，將椅子打斜就可以睡覺的類型，而是必須請乘客先起身離開座位，將座位反過來往旁邊伸展，變換成一百八十度的床鋪，讓乘客可以整個人躺在上面睡覺。

這是我第一次體驗這種座位，所以感到十分驚訝。將座位翻轉過來變成床鋪需要男性的力道，因此機上也有男性空服員，也由於座位變成了水平式的床鋪，使得我可以在機上睡個午覺，神清氣爽地抵達新加坡。

此外，在國外，從下飛機到領取行李多半都需要花上一個多小時的時間，然而我們一抵達新加坡，就有人把我們帶到特別的等候室，並被告知「請在這邊等候，直至行李送出來」。

在等待的期間，服務人員還送上「下午茶組」，包括當地的紅茶和三層式裝有蛋糕和點心等的茶盤。

不久，拿到行李之後，我們便直接快速地搭上車，離開了機場。

這就是新加坡航空公司的服務。

日本某大型航空公司的海外班機體驗

之後，我從新加坡前往馬來西亞，結束說法之後，從馬來西亞回到日本，回程時搭乘的是之前提到的，瀕臨破產的日本某大型知名航空公司的班機。因為時間上的安排，我搭上了該公司的客機。

前面提到的新加坡航空的班機是上午出發，傍晚抵達的班次，因此無需在機上過夜，然而，回程時的班機是在當地時間晚上十一點左右離開馬來西亞，第二天早上抵達日本，有一個小時的時差。

這個班機機身老舊的程度前所未見。基本上，機體都是租借來的，並不是航空公司本身的資產，我心想「這恐怕是租借到廉價到不行的機體吧？」

該公司正在進行經營重整，也許是莫可奈何的狀況，然而，飛機不但是老舊到不行的機體，座位也緊到想移都移不動，當時心想「有這麼緊的座位嗎？」除非使出蠻力，否則根本動不了座位，而且三個座位還可憐兮兮地擠在一起。

另外，想睡覺要把座位打斜時，卻發現只能微微地傾斜一點，我滿腹疑問「咦？就這樣？我必須以這種狀態睡一整夜嗎？」

此外，與我同行的本會宗務本部長的座位最靠近牆邊，他打算打斜座椅時，因為有牆壁擋著，根本就無法作用，事後他忿忿不平地抱怨「害我必須以『直立』的姿勢睡覺」。

這就是重整中的某航空公司的班機。

搭乘該班機時，當地時間深夜十二點左右響起機內廣播：「目前有颱風正逐漸接近日本。由西日本朝東京方面接近，黎明之際可能會出現顛簸狀況。」颱風確實接近了，但是，機內廣播卻接著說：「因此，現在我們要為經濟艙的旅客分送早餐。」

在半夜十二點分送早餐，要言之，公司的用意是「不早點配送，乘客就要睡覺了。到時候要叫起床就很麻煩了，所以趕快趁大家睡覺之前餵飽肚子」吧。

結果，經濟艙的客人在馬來西亞時間半夜十二點拿到了早餐，之後一直到抵達目的地為止，什麼餐點都沒再供應。

也許是基於「機身會因為颱風的影響而晃動」的理由，我們乘坐商務艙的乘客則是在馬來西亞時間凌晨四點，也就是日本時間五點左右拿到了早餐。我記得抵達的時間是日本時間七點左右，在那之前的兩小時供餐。

商務艙的旅客好歹是在睡上幾個小時之後，於著陸的兩個小時之前出餐，但是經濟艙的乘客則在睡覺之前就吃早餐了。

整體看來，該班機不但機體破舊，服務員的人數也明顯地減少了。因為同一批人要同時負責經濟艙和商務艙兩邊的客人，所以才刻意把服務的時間錯開來吧？目的是削減人員，減少人事開支。

我想這也許是他們的經營方針，該公司的經營高層可能認為「將營業額提高到最大，經費縮減到最小，就可以創造最多的利潤」，所以才會採行這種措施。

也就是說，感覺上該公司是租借了租金相當廉價的機體，將服務人員減至最低限度，打的算盤是「降低對廉價等級乘客的服務品質，如此一來，就可以減少需要的服務人數」。

不能陷入以自家公司為中心的思考邏輯和前例主義的窠臼

去回程我是搭乘這兩家航空公司的班機，我體驗到的是「去程舒適愉快，回程恐怖勞累」的狀況。

我在去程的班機上可以午睡，非常愉快，我覺得是一次「美好的旅行」，然而在回程的班機上，像我這麼好睡的人也頂多睡五分鐘就會醒來一次，也不知道睡睡醒醒多少次，真不知道合計下來有沒有睡到二十分鐘之久。明明是半夜，我卻只能睡這麼短暫的時間，情況非常糟糕。

兩者之間的差異是如此地明顯。有過一次這樣的經驗，只要在可能的範圍內，我當然想搭乘舒適一點的班機。

日本的航空公司目前正在重整當中，或許是有不得已的一面，但是，他們還是得知道「必須和其他公司競爭」。不注意一點的話，很可能就會陷入以自己公司為中心的思考模式。

此外，在抵達日本之後，還發生以下這樣的事情。

當我拿著手提行李下到機場時，航空公司的工作人員前來迎接我們，帶領我們前往等待室，這固然是很好的服務，然而我們卻必須以非常快的速度走上一公里以上的距離才能到達等待室。和我同行的秘書等人，因為沒能在機上有充分的睡眠，頭重腳輕、癱軟無力，然而該工作人員卻以飛快的速度往前走。

航空公司方面可能是以貴賓的規格來迎接我們，然而帶領客人走路的速度卻如此之快。我想那個人可能必須來回走上好幾趟，所以才加快了走路的速度，可是我們這些沒怎麼睡覺的人，卻得提著行李，搖搖晃晃地說「沒辦法走這麼快」。

這家公司的服務品質就是這樣。也許是有心提供良好的服務，然而，他們卻忘了一個重點「客人會拿來做比較」。

因為公司正在重整當中，批評得太嚴苛也許有點過分，但是就如同我在前文中也提到過的，這家航空公司的貴賓室，針對一組客人只提供四張椅子，婉拒第五位客人，因此我們一行五個人，總得讓一個秘書站在房間外頭等候。

然而，我在某個地方說法時，指摘了如此做法時，該公司突然就開始多安排了一張椅子，好讓五個人都有椅子可坐。

我在國內各支部巡錫時，都有四個秘書一起行動，所以如果受到「只限四人」的規範的話，就會多出一個人。一桌麻將要四個人才能打，基本上，中華料理的餐桌也是一桌四人，但是我不知道，連飛機的候機室也是一樣的模式。就算整個貴賓室裡空蕩蕩的，也因為「公司內部的規定」，拒絕讓我們五個人全部進去。

我覺得「都要破產的公司還敢說這種話，實在是個大問題」，於是我在說法時提出來舉例說明，結果對方就開始提供椅子了。兩者之間有什麼關聯呢？

「服務」這種東西說穿了是不容易的事。如果堅持按照傳統的方式進行，或者貫徹「一直都是這樣」的模式，就會陷入前例主義的窠臼，即便公司陷入危險的狀況，也無法快速地改變。

四、莫抱持嫉妒心，「祝福的心」才是重要的

有些「正面的貧富差距」是透過競爭所產生

在現今的自由主義世界當中，由於必須和同業競爭，所以當然就會產生貧富落差。有時候客人會增加、利潤會增多；有時候客人會減少、營收變成赤字等狀況。

現在經常有人呼籲「反對貧富差距，差距是大問題」。但是貧富差距的出現，不能說都是問題。有競爭之處就必然會產生出差距，然而，當中也有所謂的正面差距。或許也有不好的差距，但終究還是有好的差距。

假如都做同樣的事情，卻出現差距，我認為那種差距是不好的，但是所做的事情內容不同而產生差距時，那就是理所當然的事，這是附加價值的差異。我個人認為，企業或個人透過努力而不斷發展、賺取利潤是好事。

譬如，對航空公司而言，如果能提供顧客舒適快意的旅行，那就是一個好工作，這種公司的收入增加就不是壞事了。

這是必須注意的地方。

現在媒體總是說「全世界的經濟都不景氣」、「世界性的恐慌接近了」等，使盡全力地吶喊著「狼來了」。

譬如，二〇一一年的秋天，美國紐約的華爾街發生反貧富差距的抗議遊行，有左派的報紙甚至見獵心喜地寫著「活動已經擴及全世界八十個以上的國家」。

可是，存在於這種抗議活動背後的思考邏輯是很危險的。「貧富差距就是壞事」的想法是錯誤的。

提供給顧客的服務出現差異是好事，要是業者之間不競爭就不好了。站在提供了良好的服務而受益的一方的立場來看，透過競爭而產生美好的事物是很重要的事情。

因此，當公司眼看著就要輸給其他同業時，就要努力振奮，重新來過。在這方面，絕對不能搞錯思考方式。

如果「不管做什麼，結果都一樣」的話，那一切就都白費了。盡可能給予每個人公平地投入或參加的機會很重要，但如果不能接受某種程度的差異，也就是接受結果上的落差的話，就絕對無法創造繁榮的經濟。

無法認同選手間的差異，職棒就無法成立

從職棒的角度來思考，就可以理解地更透澈。

譬如，如果規定「打擊率超過三成的打擊者要罰錢」的話，會變成什麼狀況？

在職棒界，「以三成打擊率或者以二成九坐收」之間的差異，對

當事者的收入會造成相當大的差異。用來計算打擊率的零點一成或零點二成之間的差異，看似沒什麼大不了，可是事實上，「能不能創下三成的打擊率」其實有著非常大的差異。

此外，如果規定「打出二十支以上全壘打的打擊者，每超出一支就要罰款一千萬日圓」的話，全壘打者哪受得了啊？

要打擊者不擊出全壘打是很簡單的事情，相反地，想要擊出全壘打可不是那麼容易的事。想打出全壘打就立刻打出來，是很了不起的事情，需要付出相當的努力。

因此，如果要求所有人員往不好的方向，也就是往「向下仿效」的方向發展，以期修正彼此之間的差異的話，那就真的是本末倒置了。

如果開始對球員下達「一年當中不能打出五支以上的全壘打」、「打擊率不能超過三成以上」、「打擊率在兩成以下的打擊者恐有被解雇之虞，所以投手面對打擊率下降的打擊者時，要往好球帶的正中央投出慢速球以利打擊者打擊」的「行政指導」的話，職棒運動就無法成立了。

如果發生這種情況，基本上選手們會打不下去，而觀眾也不會想花錢來看這種球賽了吧？

「鈴木一朗選手打出許多安打，經常上壘，獲得極高的收入」，這件事說起來就是貧富差距。然而這是由於他有著卓越的努力和才能，並且如果這樣可以取悅眾人的話，我們就必須肯定這樣的差距。

「如何運用賺來的錢」，這是鈴木一朗選手個人的問題。如果他把錢拿來賭博，把錢花費在自甘墮落的事情上的話，他的人氣可能會跟著下滑，那就是他本人自作自受。

可是，他低調到甚至婉拒了榮譽國民獎，自律甚嚴，應該不是那麼容易就墮落的人。

關於貧富差距的問題，我們必須知道有所謂的「正面差距」存在。要注意，切莫有「差距本身就是件壞事」的想法。

尤其是在把嫉妒心誤認為正義的風潮肆虐時，更需要嚴格地去檢視。有時候人們動不動就興起嫉妒心，形成一種「正義」，結果可能就造就出一個沒有任何人得到幸福的社會，請大家要了解這一點。

如果在營收上創造出黑字是一種「惡」的話，那麼，就會造就出全面呈現赤字的情況，如此一來，大家就都沒有繳付稅金的能力了。

我覺得這是一種危險的傾向。

要與嫉妒心對抗，就如我一再強調的，必須要抱持著「祝福之心」。

成功的人都是絞盡腦汁、流下汗水、下過苦工而努力不懈的人，所以各位應該要祝福這種人，同時抱持「我也想仿效他」的心態。如此一來，就可以拉近與對方之間的距離。

假如你看到成功的人就會立刻產生反彈或嫉妒心的話，就需要學會克制自己這樣的情緒。

五、鍾愛「繁榮之神」，遠離窮神

不只是「時間就是金錢」，「金錢就是時間」也是事實

我在年輕的時候，對以繁榮為目標的想法也抱持些許的反對態度。

宗教在原始教團的階段，也有很多人認為「金錢是邪惡的」。宗教人士容易傾向於這種思考邏輯，易為清貧的思想所吸引。也就是說，他們的想法是「貧窮是正確的，有錢是錯誤的」。

然而，事實上，想在事業上獲得成功是相當不容易的事情。如果沒有獲得許多人的支持，沒有許多人願意購買，或者沒有許多人願意接受服務的話，就無法轉換成收入。此外，如果發展事業的人墮落的話，客人也會流失。所以說，現實是很嚴酷的，對此各位必須有所了解。

同時，時間的利用方式也很重要。班傑明・富蘭克林曾說「時間就是金錢」，然而，「時間的利用方式會以金錢的模式表現出來」這也是事實。

對所有的人而言，時間都是一樣的。一天有二十四小時，而一般人的人生都不到百年。但是，「時間的利用方式不同，有人會變得富裕，也有的人不然」卻也是不爭的事實。簡單說來，人生會因為一天二十四小時的使用方式而不同。

反過來，也有句話說「金錢就是時間」。我在前文中也論述過，我從年輕的時候就領悟到了這一點。箇中的意思是「有時候只要有錢，就可以買到時間」。

關於這一點，本會也實地體認過，所以非常了解。只要有錢，就可以興建精舍，也可以推廣海外的傳道活動，更可以興建學園。然而，如果只能慢慢地籌措資金的話，在推展這種活動時就要花費很多時間。

「金錢就是時間」也是事實。

我們無法得到「自己否定的事物」

金錢本身是中立的，關鍵在於「基於什麼樣的目的使用」。金錢最好還是不要讓壞人拿去使用，錢必須聚集在想做好事的人手上才行。

我盼望盡可能讓我覺得「可以改善世道」的企業賺大錢。我不會教導各位「如果賺了錢，你會下地獄」的觀念，希望各位能夠留意如此教義。

如果打心底否定財富的話，或許就不會成為一個成功的經營者了，因為你無法得到自己否定的東西。

若抗拒獲得財富，並且有著「那等於是一種榨取」的想法的話，那就有問題了。

二〇一一年十月十四日，日本野田內閣的閣員等的資產被公開，明細刊登於隔天的報紙上，結果發現「野田首相從一九八九年，家人的財產也被列為檢視的對象之後，是就任首相時，財產最少的總理大臣」。

野田首相因為這種奇怪的理由而成為人氣第一人。「在千葉縣內擁有的土地和建物，加上兩百數十萬日圓的定期存款，一共有一千七百數十萬日圓的資產，另一方面卻有房屋貸款等合計將近三千四百萬日圓的貸款」，加加減減之後，家計出現兩千萬日圓左右的赤字。

這個家計構造和日本目前的財政構造極為相似，也許是他把家計和國家的財政狀態等同視之吧？身為松下幸之助的弟子，感覺上他似乎不太擅長賺錢。

我實在不想把運作國家的重要大事，交給一個在個人的財務上有過多貸款的人。我的想法是「如果可以的話，我想要一個懂得操作家計，至少讓自家的家計簿上出現黑字的人來帶領國家」。

但更重要的是，身為國家的領導者的思想。

我覺得，如果國家領導者有偏愛赤字的傾向，也就是保有「不賺錢才是善，有赤字才正確」的想法的話，那就有危險了。

如果國家的領導高層破壞了繁榮的思想的話，人民都會受窮神所糾纏。

美國的歐巴馬總統也有一點這種傾向，他的某些特質頗似日本前首相菅直人。

他畢業於哈佛大學，在芝加哥的貧民窟擔任義務辯護律師。這件事本身是基於他「思想信條的自由」的想法，倒也無所謂。

但是，哈佛大學出身的頂尖人才一般都是在華爾街工作，獲取高收入，所以我在想，他是不是對這種事情抱持不同的看法？

他拚命地攻擊這種高收入的人們，感覺上，這當中似乎摻雜有個人的想法在內。或許他曾經在某家公司面試時慘遭淘汰也說不定。

事實如何不得而知，但是看起來，他似乎是想把自己在經濟上施政挫敗的部分轉移到那個方向去。「因為只有一部分的人們賺錢，所以其他的人們才會那麼貧窮」的說法，純粹只是主政者為了逃避被追究責任的便宜說詞，這是隱約可見的事實。

在不搶奪蘋果派的情況下「創造財富」

請各位要抱持著愛繁榮之神，勝過愛窮神的心態。

請秉持一個想法：「世界變得富裕是一件好事。因為富裕，才能幫助更多的人，也才能使世界往前進。太過熱愛貧窮的人增加並不是好事。認為『一旦出現富裕的人，就要對他產生嫉妒心，以眾人之力將之擊潰』的社會是不對的」。

就好比鈴木一朗年薪高達十億日圓，但「把他從球場上拖出來，眾人用球棒毆打攻擊他」的社會是絕對不值得鼓勵的。

我要說的是：「如果有人為了自己的收入沒有比鈴木一朗多，而感到悔恨的話，就到棒球打擊中心去多做練習吧！」我必須告訴此人「從小學或國中時就要努力練習。若是對此沒有做到，就不要講出嫉妒的惡言」。

雖然嫉妒心很容易冒出頭來，但是與其口出惡言，不如稱許好的事物，督促自己也有樣學樣。模仿值得仿效的人事，努力修行，以期自己能夠往前踏進一步，這是非常重要的事情。

如果不努力，盡可能增加富裕的人數，整個社會就不會獲得好處。

如果抱持著「蘋果派絕對不會再增加了，大家能做的就是一起爭奪那塊蘋果派」的想法，那就會變成一個「弱肉強食」的世界。我們終歸必須要有「創造財富」的想法，務必要想出讓許多人可以賺到錢的方法。

就結論來說，方法只有一個。

只要努力創造出目前世上沒有的東西，持續做讓最多的人們感到喜悅的工作，就一定可以成功發展。就結構來說，這是必要的事情，所以這絕對不是什麼難事。

但是，如果以「自我中心」來判斷事物的話，觀點就會產生偏差，經常會出現判斷錯誤的情形。

日本目前正持續處於「窮神政權」的狀況當中，所以必須勇敢地祭出繁榮的措施。

後記

目前整個世界的經濟已經步入不振的階段，到達了不景氣，甚至是大恐慌的層級。日本在經濟上採取鎖國政策，似是以「一國安泰主義」為目標。

然而，窮神卻安坐在日本國土的正中央。並且日本政府正朝著緊縮通貨供給、緊縮財政、增稅政策前進。

這是一種不相信繁榮之神存在，「回到敗戰後」的文化。政府也許是覺得只要讓人民貧窮，就會增加政治家或公僕的權力吧？

「時間就是金錢」、「金錢就是時間」。此時此刻的要務就是加速經濟發展的速度。「日幣升值」是上天要我們加速「印鈔」的啟示。在通貨緊縮的時代，我們不需要通貨膨脹戰士。最重要的是創造出對打出安打或全壘打的人，給予正面評價的文化。

二〇一二年一月十七日

國師 大川隆法

國家圖書館出版品預行編目(CIP)資料

繁榮思考：吸引無限財富的法則／大川隆法作；
幸福科學經典翻譯小組翻譯. -- 初版. -- 臺北市：
台灣幸福科學出版, 2020.07
　224面；14.8×21公分
譯自：繁栄思考：無限の富を引き寄せる法則
ISBN 978-986-98444-7-5(平裝)

1.新興宗教　2.靈修

226.8　　　　109008641

繁榮思考

吸引無限財富的法則

繁栄思考：無限の富を引き寄せる法則

作　　者／大川隆法
翻　　譯／幸福科學經典翻譯小組
主　　編／簡孟羽、洪季楨
封面設計／Lee
內文設計／Lee

出版發行／台灣幸福科學出版有限公司
地址／104-029台北市中山區中山北路三段49號7樓之4
電話／02-2586-3390　傳真／02-2595-4250
客服信箱／info@irhpress.tw
法律顧問／第一法律事務所　余淑杏律師

總 經 銷／旭昇圖書有限公司
地址／235-026新北市中和區中山路二段352號2樓
電話／02-2245-1480　傳真／02-2245-1479

幸福科學華語圈各國聯絡處／
台　灣　taiwan@happy-science.org
地址：台北市松山區敦化北路155巷89號（台灣代表處）
電話：02-2719-9377
官網：http://www.happysciencetw.org/zh-han
香　港　hongkong@happy-science.org
新 加 坡 singapore@happy-science.org
馬來西亞 malaysia@happy-science.org

書　　號／978-986-98444-7-5
初　　版／2020年7月
定　　價／新台幣360元

廣 告 回 信
台北郵局登記證
台北廣字第5433號
平 信

IRH Press Taiwan Co., Ltd.

台灣幸福科學出版有限公司

104-029 台北市中山區中山北路三段49號7樓之4

台灣幸福科學出版　編輯部　收

繁榮思考

吸引無限財富的法則

大川隆法

Ryuho Okawa

請沿此線撕下對折後寄回或傳真，謝謝您寶貴的意見！

台灣幸福科學出版有限公司

繁榮思考

讀者專用回函

非常感謝您購買《繁榮思考》一書，
敬請回答下列問題，我們將不定期舉辦抽獎，
中獎者將致贈本公司出版的書籍刊物等禮物！

讀者個人資料　　※本個資僅供公司內部讀者資料建檔使用，敬請放心。

1. 姓名：　　　　　　　　　性別：☐男　☐女
2. 出生年月日：西元　　　　年　　　　月　　　　日
3. 聯絡電話：
4. 電子信箱：
5. 通訊地址：☐☐☐-☐☐
6. 學歷：☐國小 ☐國中 ☐高中／職 ☐五專 ☐二／四技 ☐大學 ☐研究所 ☐其他
7. 職業：☐學生 ☐軍 ☐公 ☐教 ☐工 ☐商 ☐自由業☐資訊 ☐服務 ☐傳播 ☐出版 ☐金融 ☐其他
8. 您所購書的地點及店名：
9. 是否願意收到新書資訊：☐願意　☐不願意

購書資訊：

1. 您從何處得知本書的訊息：（可複選）☐網路書店　☐逛書局時看到新書　☐雜誌介紹
   ☐廣告宣傳　☐親友推薦　☐幸福科學的其他出版品　☐其他
2. 購買本書的原因：（可複選）☐喜歡本書的主題　☐喜歡封面及簡介　☐廣告宣傳
   ☐親友推薦　☐是作者的忠實讀者　☐其他
3. 本書售價：☐很貴　☐合理　☐便宜　☐其他
4. 本書內容：☐豐富　☐普通　☐還需加強　☐其他
5. 對本書的建議及觀後感
6. 您對本公司的期望、建議…等等，都請寫下來。

IRH Press Taiwan Co., Ltd.
台灣幸福科學出版有限公司